本书获得山东社会科学规划研究项目（18CGLJ38）、山东科技大学学术专著出版基金资助

社会化电子商务模式价值共创问题研究

RESEARCH ON VALUE CO-CREATION OF SOCIAL COMMERCE MODE

李芳 刘新民 王松 ◎ 著

经济管理出版社
ECONOMY & MANAGEMENT PUBLISHING HOUSE

图书在版编目（CIP）数据

社会化电子商务模式价值共创问题研究/李芳，刘新民，王松著 .—北京：经济管理出版社，2019.7
ISBN 978-7-5096-6791-0

Ⅰ.①社… Ⅱ.①李… ②刘… ③王… Ⅲ.①电子商务—商业模式—研究 Ⅳ.①F713.36

中国版本图书馆 CIP 数据核字（2019）第 163852 号

组稿编辑：杜　菲
责任编辑：杜　菲
责任印制：黄章平
责任校对：董杉珊

出版发行：经济管理出版社
（北京市海淀区北蜂窝 8 号中雅大厦 A 座 11 层　100038）
网　　址：www.E-mp.com.cn
电　　话：（010）51915602
印　　刷：三河市延风印装有限公司
经　　销：新华书店
开　　本：720mm×1000mm/16
印　　张：12.5
字　　数：212 千字
版　　次：2019 年 9 月第 1 版　2019 年 9 月第 1 次印刷
书　　号：ISBN 978-7-5096-6791-0
定　　价：78.00 元

·版权所有　翻印必究·
凡购本社图书，如有印装错误，由本社读者服务部负责调换。
联系地址：北京阜外月坛北小街 2 号
电话：（010）68022974　邮编：100836

前　言

随着互联网应用的普及和市场竞争的加剧，传统 B2C、C2C 电子商务应用遭遇发展瓶颈，以社交媒体为代表的社会化应用在成为网络流量入口的同时，如何有效变现也成为其发展的痛点，尝试将消费者的社交应用和传统电子商务结合的社会化电子商务模式备受关注。把握社会化电子商务的核心价值主张、引导消费者增强价值认知，从而实现价值共创成为保障社会化电子商务模式成功应用的关键，本书以此为切入点展开研究。

首先，剖析社会化电子商务模式价值共创的过程机理。对社会化电子商务的产生、发展与核心驱动进行梳理，对从产品主导到消费者主导的价值共创演进和形成过程进行归纳。在此基础上，针对社会化电子商务的特点，对其价值共创的主体、目标进行界定，厘清社会化电子商务模式的核心价值主张、关键资源、关键流程和盈利方式。依据价值共创的分析框架，从消费者主导逻辑出发，对社会化电子商务模式价值创造的过程进行分析，提炼商务与社交应用的整合过程、消费者从价值认知到最后持续参与和使用、全过程的资源整合等是实现社会化电子商务模式价值共创的关键环节。

其次，构建社会化电子商务模式价值整合路径模型并进行实证分析。遵循价值共创的分析框架，关注社会化电子商务模式企业价值主张的提出阶段，从两类典型整合路径入手，以品牌延伸理论和创新扩散理论为依托，构建基于 ELM 的社会化电子商务模式价值整合路径模型，探讨其作用机理并进行实证分析。研究结果表明：在社会化电子商务价值整合过程中，消费者对新应用的感知价值显著影响接受意愿；应用的创新性特征是影响感知价值的核心要素，但在增强感知价值的同时，也增加了感知风险；社交和商务的

社会化电子商务模式价值共创问题研究

感知契合度和功能设计关联性对最终接受意愿存在较大影响；体现用户规模和社会规范的社会性因素并不能消除消费者的风险感知，但在商务到社交的拓展中，作用大于社交的商务化过程；初始的商务或社交信任对后续信任和路径拓展作用明显，消费者对后续应用的信任会增强其感知价值，对商务社交化的感知风险削弱作用更加明显。

再次，建立从感知价值到持续使用意愿的认知—预期—意愿模型并进行检验。关注价值共创中消费者主导的价值创造阶段，从消费者心理预期和认知能力的视角出发，探讨消费者持续使用社会化电子商务模式的作用机理，遵循消费者认知行为框架，引入自我效能感和说服抵制作为中介变量，建立感知价值—自我效能感和说服抵制—持续使用意愿概念模型，并通过实证数据对模型进行检验。从实证检验的结果可以得出：说服抵制与自我效能感在社会化电子商务模式的价值感知对消费者持续使用意愿的影响中共同发挥了中介作用，其中自我效能感发挥正向影响，而说服抵制发挥负向作用，且前者作用程度略高于后者；自我效能感与感知价值都可以较强地削弱说服抵制，其中感知价值各个维度的影响作用存在不同；消费者一般自我效能感会显著增强社会化电子商务感知价值和此模式下的自我效能感。

最后，对社会化电子商务模式全过程交互的实施策略进行探讨。从前期接触激发→中期推荐支持→后期分享传播价值共创形成过程入手，探讨初始价值到拓展价值的引导、消费者综合使用以及后期体验分享过程中，实现社会化电子商务模式全过程交互的实施策略。提出通过针对性的推荐和分析，实现消费者商务需求的有效引导和决策支持；通过多样交流平台促进消费者信息分享；通过分享资源的聚合，激发消费者潜在商务需求等具体保障。

从价值共创的视角剖析社交与商务应用的整合过程，是消费者接受行为和价值共创理论在社会化电子商务情境下的细化应用，消费者主导的不同价值整合路径的影响差异分析，可以为提升社会化电子商务模式的应用和企业产品创新性扩展策略选择提供思路。对消费者价值感知到最终意愿形成过程影响机理的剖析，有助于深化对消费者认知行为的理解，可以为社会化电子商务模式的改进与发展提供有益的参考，应用全过程整合策略对社会化电子商务模式实施运作也具有较好的指导意义。

  本书的出版得到了山东科技大学经济管理学院的大力支持和资助，本书研究成果依托于山东省社会科学规划研究项目（18CGLJ38）移动社会化电子商务模式整合路径与应用问题研究。感谢侯贵生教授、周衍平教授、陈会英教授、马有才教授、丁黎黎教授、张咏梅教授、王新华教授、任一鑫教授、辛宝贵教授、王炳成教授等在撰写过程中提出了很多宝贵的意见，感谢吴士健、康旺霖、王垒、范柳等团队老师从著作选题到研究设计方面给予的热心指导和帮助。在本书的写作过程中，笔者参考、引用了大量相关资料，恕不赘述，谨表感谢！引用文献虽多数一一注明，但恐仍有疏漏，敬请谅解。

  由于笔者水平有限，从选题、拟定大纲、书稿撰写到最终定稿虽几经修改、完善，但仍难免存在错误和不足之处，恳请广大读者提出意见并给予指正。

目 录

第一章 绪 论 ·· 001
 一、研究背景 ·· 001
 二、问题的提出及研究意义 ·· 009
 三、国内外研究现状 ·· 013
 四、主要研究内容及安排 ·· 026
 五、创新点 ·· 030

第二章 社会化电子商务模式价值共创的机理研究 ··············· 033
 一、社会化电子商务模式的内涵 ··· 034
 二、价值共创的内涵 ·· 042
 三、社会化电子商务模式价值共创的基础框架 ···················· 049
 四、社会化电子商务模式价值共创的过程分析 ···················· 063
 五、社会化电子商务模式价值共创的关键环节 ···················· 069
 六、本章小结 ·· 072

第三章 社会化电子商务模式价值整合路径研究 ··················· 074
 一、研究假设 ·· 075
 二、研究设计 ·· 084
 三、实证检验 ·· 093
 四、研究结果 ·· 105

五、讨　论 …………………………………………………… 107
　　六、本章小结 ………………………………………………… 111

第四章　社会化电子商务模式持续使用意愿形成过程研究 …… 112
　　一、研究假设 ………………………………………………… 113
　　二、研究设计 ………………………………………………… 122
　　三、实证检验 ………………………………………………… 126
　　四、研究结果 ………………………………………………… 132
　　五、讨　论 …………………………………………………… 134
　　六、本章小结 ………………………………………………… 136

第五章　社会化电子商务模式全过程交互的价值共创实施策略 …… 137
　　一、接触和激发期的实施策略 ……………………………… 138
　　二、引导和推荐期的实施策略 ……………………………… 143
　　三、分享和传播期的实施策略 ……………………………… 146
　　四、本章小结 ………………………………………………… 149

第六章　结论与展望 ………………………………………… 151
　　一、主要结论 ………………………………………………… 151
　　二、研究展望 ………………………………………………… 153

参考文献 ……………………………………………………… 155

附录一　社会化电子商务价值整合路径调查问卷 …………… 179

附录二　社会化电子商务模式持续使用意愿影响调查问卷 … 186

第一章
绪　论

一、研究背景

移动互联改变了人们的日常生活，缩短了世界相互联系的距离，在给予消费者更多选择的同时，电子商务企业间的竞争越发激烈，随着社交媒体的普及，消费者的行为决策发生改变，消费者主导性更强，这些对社会化电子商务的发展产生了有力的促进作用。目前，我国不少企业在积极尝试将社交媒体与电子商务结合，推行社会化电子商务模式，尝试通过增加企业和消费者的互动，提升消费者的体验价值，实现价值共赢，但是在现实应用中仍存在一定的问题。

（一）"互联网+"行动的推动，企业积极探求基于互联网的综合发展模式，电子商务企业竞争日趋激烈

随着"互联网+"行动顶层设计日趋完善，很多企业积极尝试将互联网与传统产业相结合，同时开展线上和线下业务，电子商务企业的竞争日趋激烈。2015年3月5日，国务院十二届全国人大三次会议的政府工作报告中首次

提出"互联网+"行动计划，随后的一年半时间里，国务院、商务部又相继颁布了4份指导意见，以促进电子商务与其他产业的融合发展，推进实体经济转型。一系列"互联网+"顶层设计出台，为互联网与传统产业融合创新，网络经济和线下传统经济协调发展，通过电子商务加快培育经济新动力提供了方向。在电子商务与其他产业融合的"互联网+"发展思路指导下，很多企业尝试将线下业务与线上业务结合，积极探求基于互联网的电子商务综合发展模式。

B2C、C2C 网络零售模式大幅增加既带动了传统产业与互联网平台的结合，也带动了网络购物的提升。以网络零售为代表的 B2C、C2C 模式的发展带动着传统零售、物流快递、交通、生产制造等行业与互联网平台结合的转型升级，被认为是传统产业与互联网结合的有效"切入口"。B2C、C2C 网络零售模式从购物消费模式向服务消费模式延伸拓展，逐步深入消费者"衣食住行"的方方面面，也带动了消费结构升级，消费群体和消费规模逐年递增（见图1.1）。据 CNNIC 统计显示，2017 年 12 月，网络购物规模为 5.33 亿元，较 2016 年增加 14.3%，占网民总体数量的 69.1%，网络零售全年交易额 71751 亿元，占社会消费品零售总额的 15%，同比增长 32.2%。① 随着传统产业的转型升级和网络购物数量的增加，我国企业的电子商务迅猛发展。

迅猛发展的电子商务加剧了企业间的销售竞争。目前我国域名总数已达 3840 多万个，其中，".cn"域名总数 2085 万个、各类网站 533 万个、商务类网站 400 多万家、网页数量 2604 亿个，年增长 10.3%，在丰富了消费者选择空间的同时也带来了严重的"信息过载"。如何在海量的电子商务信息中更快、更好地被消费者关注和选择，成为企业需要认真思考的问题。

---

① CNNIC. 第41次中国互联网络发展状况统计报告 [R]. 2018-01.

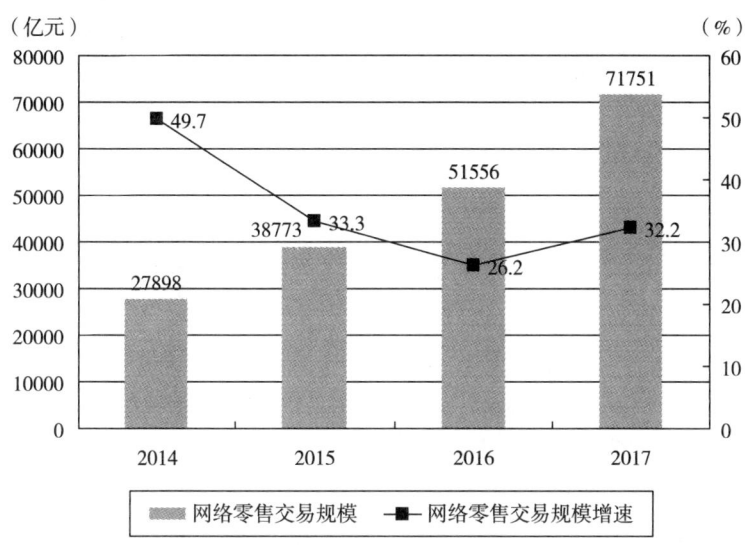

图1.1 2014~2017年中国网络零售交易规模与增速

（二）随着社会化媒体的广泛使用，消费者的决策方式发生改变，对传统电子商务模式产生了较大的冲击

随着移动互联的发展以及社交媒体的广泛使用，消费者的影响力和互动性对产品销售产生了巨大的影响。由于消费决策受到购物达人的分享或社交媒体上的朋友推荐等主要方式的影响，使之前传统模式下的电子商务企业不得不面对社交媒体带来的改变。

消费者通过移动端购物规模逐年增长。随着移动互联技术的成熟与完善，移动端应用成为大家上网的主要入口（见图1.2）。截至2017年底，我国网民规模已达7.72亿人，其中手机网民7.53亿人，手机上网率97.5%，较2016年提升2.4%，使用台式机、笔记本和平板电脑比例为53%、35.8%和27.1%，较2016年均有所下降（见图1.3）。移动互联网接入流量自2014年起连续3年翻番式增长。[①] 在2017年的网络购物群体

---

① CNNIC. 第41次中国互联网络发展状况统计报告 [R]. 2018-01.

中，手机网络购物用户5.06亿人，占总人数比例为67.2%，同比增长14.7%，基于移动端的购物消费成为主要方式。

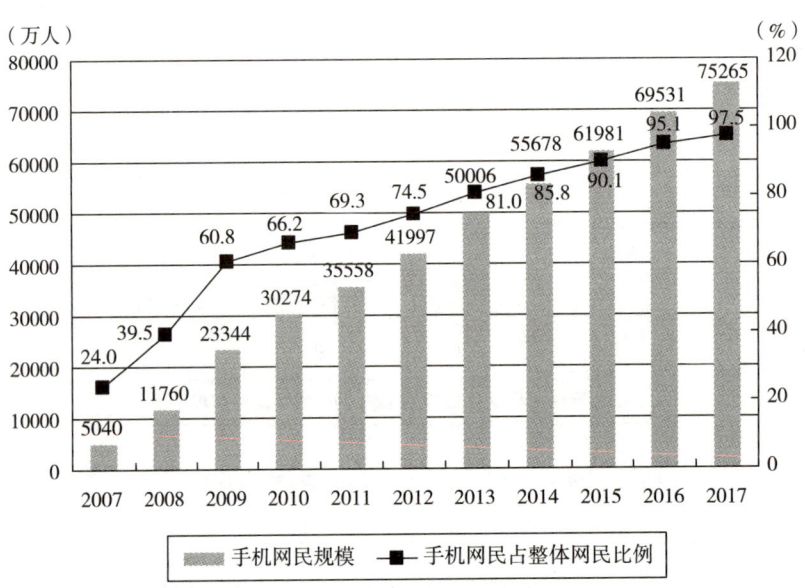

图1.2　2007~2017年中国手机网民规模与比例

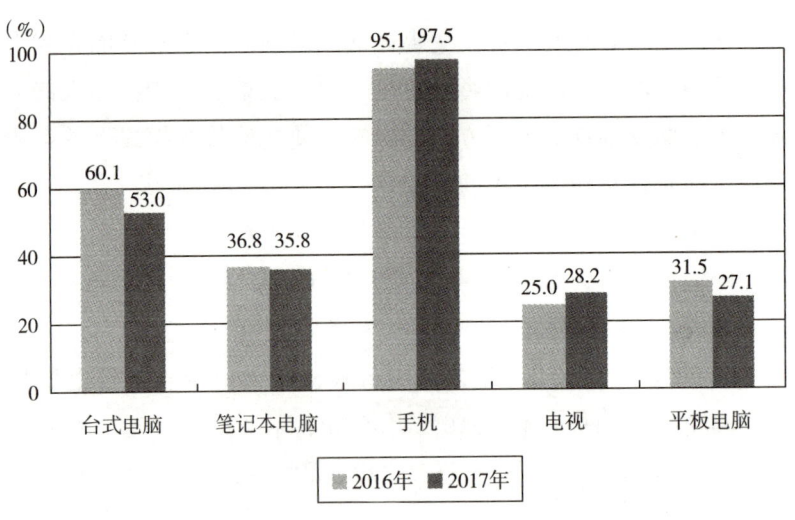

图1.3　2016~2017年中国互联网络接入设备使用情况

与此同时，社交媒体类移动应用在人们网络生活中的地位日益增强。2017年11月，市场监测移动应用程序（APP）在架数量391万款，其中，以微博、微信、直播等为载体的社会化平台，凭借兴趣、LBS和通讯录等社交性能立足于解决广大用户在娱乐、分享、沟通和服务过程中遇到的问题，在各种场合下满足其不同需求，成为当前最热门的网络APP和主要流量入口。其中，微信朋友圈、QQ空间、微博等社会化媒体的用户使用率均超过60%。

社交媒体的兴起改变了消费者的消费习惯，消费者在线商务决策更加趋于即时化和碎片化。自媒体、社区等更加精准的内容营销模式，更加容易获得消费者青睐。在提供信息的同时与消费者互动，吸引了更多人的参与和浏览，成为影响消费决策的主要方式。越来越多的消费者在看直播、看自媒体文章、看帖子的过程中产生购买行为。

与社交媒体带动的消费行为相比，传统B2C、C2C电子商务模式的流量瓶颈凸显，增长速度明显放缓，对消费者的吸引越发有限。面对激烈的商业竞争和消费者决策的变化，传统电子商务企业必须改变，通过与社会化媒体结合增加与消费者的互动和引导。根据信息瀑布理论，值得信赖的信息提供者和信息来源是辅助在线决策的重要依据，尝试在传统商务模式中嵌入社会化资源，以实现事前引导、事中支持和事后分享成为电子商务发展的必然趋势。因此，在社会化应用和电子商务发展的双重需求下，强调将关注、分享、互动等社会化应用与在线商务融合的社会化电子商务模式备受关注。

（三）许多企业尝试推进社会化电子商务模式，但整合效果不尽如人意

随着移动互联和用户个性化需求的发展，越来越多的企业跨平台发展，尝试将传统的电子商务与社交媒体资源相结合，尽可能多地参与到与用户的沟通和互动中，以提升企业的价值。这种跨平台发展包括两种途径：一是从电子商务领域向社交媒体的拓展；二是从社交媒体向电子商务领域的跨越。其中，电子商务领域向社交媒体拓展的尝试包括：在电子商

务端引入媒体元素和用户生成内容,进行导购辅助和购后评价,拓展电子商务媒体化功能;社交媒体应用向电子商务化领域的拓展,主要利用社交应用的流量优势进行商务导流,实现流量变现。但是从当前企业的应用情况看,如何完美结合并实现有效运转仍需要一个探索的过程。

自2010年起,中国的电子商务大鳄阿里巴巴集团开始尝试将社交融入电子商务平台中。马云曾公开说过,淘宝即社交,淘江湖的推出,入股新浪微博的销售推广、投资交友软件陌陌,推出即时通信的社交产品"来往",这些社交化进程均未取得预期的效果。随着移动端的兴起,支付宝作为阿里巴巴集团电子商务的核心,被委以推广社交功能的大任,阿里巴巴努力将支付宝打造成社交一体化入口。支付宝2015年推出的朋友功能和2016年春节推出的集福活动引发了网友众多吐槽,效果并不理想。2016年11月推出加入生活圈的社交功能却因为圈子事件(校园日记、白领日记等)引起了轩然大波,在舆论的指责下,蚂蚁金服董事长彭蕾公开道歉,"圈子"功能下线,支付宝强力推进社交化的进程告一段落。之后的支付宝开始关注产品特性与用户体验的结合,通过蚂蚁森林和蚂蚁庄园等功能引导用户加好友,增加好友之间的互动和交流,为实现既可以迎合支付宝用户体验,又适合支付宝特点的社交应用做进一步的尝试。

作为即时通信和以交友为主的腾讯公司,2012年5月成立腾讯电商控股公司,开始了从社交到电子商务的跨越。腾讯电商控股公司相继推出了"拍拍网"、"QQ商城"和"QQ网购",但是这些电子商务活动未能为腾讯带来盈利,2014年腾讯入股京东,将旗下所有电子商务业务全部打包给京东管理。之后在与阿里巴巴移动端的竞争中,社交平台微信承担了腾讯从社交到电子商务跨越的重任。2014年初,微信通过网约车付款、春节红包等产品,迅速完成了微信支付功能在移动支付端的全面推广。随后微信小店、微信公众平台、广点通业务、商品搜索等正式上线。虽然微信拥有巨大社交流量,但是微信商家并未从中获得很大的收益,同时因为商家质量鱼龙混杂,出现了用户的流失。因此,微信于2018年3月推出"微选",以期打造聚拢微信好店的电商平台,但新功能的推出能否有效引导社交流量转为社交红利，仍需要时间的检验。

除了阿里巴巴和腾讯外，很多企业都在尝试将社会化媒体资源与商务应用结合，然而目前的结合效果却大不尽如人意。例如，虽然 Twitter 和 Facebook 等都成功地从社交中拓展出了新的购物专用通道，但是在达成交易的网购数额方面却远远低于预期结果；人人网很早就推出"人人购"，最终却转型为网络直播平台；百度曾经导入巨大流量，扶植电商业务"百度有啊"，经过两年的运转后关闭，转型为生活服务平台等。

综合阿里巴巴、腾讯等企业的社会化电子商务进程，主要目的是增强与用户对接，吸引消费者深度参与，同时鼓励消费者积极晒单、评价和推荐，增强品牌互动性。然而一系列产品或功能的推出，虽然在短时间内成功吸引了一批消费者的注意，产生了一定的商业效果，但是从长期看均未能留住消费者。

消费者对社交网络平台与电子商务结合的认可程度也不高。统计显示，网络社交平台应用与网络零售的用户重合度为43.6%，但仅3%的社交用户经常分享购物信息，72%的人群表示不会分享；超过60%的用户不接受社交推荐的产品或服务，社交化网购年度人均交易额占整体人均交易额的比例不足两成[①]。

（四）在消费者主导时代，提升消费者体验是实现价值共创的关键

随着产品极大丰富、购物渠道增加以及移动互联的发展，消费者拥有了更多的主动权和话语权，卖方市场转为买方市场，市场的主导权也转到了消费者手中，由此引发企业关注的重心由产品向消费者体验转移。"现代营销学之父"菲利普·科特勒认为营销已进入了以价值观为引导的营销4.0时代，企业应将营销的中心转移到如何与消费者积极互动、帮助客户实现自我价值上。

---

① CNNIC. 2016 年社交应用用户行为研究 [R]. 2017–12.

社会化电子商务模式价值共创问题研究

随着主流消费群体的消费理念和行为变化，产品的价格已经不再是制约购买的主要因素，高品质、个性化、独一无二的体验成为消费的首选，消费者不再是简单的价值接受者，而是价值的共同创造者，通过自主参与，为自身创造价值。

消费者参与价值的创造改变了传统意义上消费者和企业之间的买卖关系，消费者通过与企业的互动，更加积极、主动地参与到企业研发、生产、销售和售后服务等各个环节，与企业共同完成价值创造，企业运作的全流程因消费者的参与发生改变，消费者逐渐成为价值创造的主导。

消费者主导的价值共创在社会化电子商务模式中显得尤为重要。移动互联的发展使消费者的体验和口碑通过网络放大，进而影响产品的销售市场。亚马逊的创始人杰夫·贝佐斯指出："在线下世界，如果一个客户不满意，他会告诉6个朋友。在互联网世界，他会告诉6000个人。"以消费者为主导，与用户对接，做到对消费者的动机和需求精确把握和实施带有个性化的引导，以增强其体验价值为最终目的，实现价值共赢，这个价值共创的过程如何实现是社会化电子商务迫切需要解决的问题。

虽然企业积极尝试向消费者与企业价值共创的社会化电子商务转型，但是现实应用情况与设计之初的构想并不吻合。社会化电子商务模式最初的构想是针对当前电子商务和社交应用发展中的痛点问题进行的互补性设计，尝试通过优势互补兼顾消费者、商务平台、社交平台和品牌商的利益，从而最大化在线社交和商务资源。一方面，尝试利用社交应用强大的流量入口优势，进行商务导流，促进商务应用的发展，实现社交资源的商业化变现；另一方面，借助用户生成内容和口碑传播，实现消费者商务引导和辅助决策，解决信息过载和碎片化决策的冲突，最终通过分享和互动提高消费者价值感知和满意度，优化商务流程。然而，在现实应用中，企业新推出的跨平台产品或功能，虽然在短时间内吸引了消费者的注意，产生了一定的商业效果，但是由于消费者的参与感和体验感不足，难以长期稳定地占有市场。社会化电子商务模式在实践中应用的状况未能实现设计之初形成企业和消费者之间持续价值共创的构想。

二、问题的提出及研究意义

（一）问题的提出

尝试将社交媒体和电子商务相结合的社会化电子商务，可以增加企业和消费者之间的沟通和互动，充分挖掘社会化媒体资源的价值，通过价值共创实现双方价值增值，但为什么在实践中未能实现最初的构想？究其原因，主要存在以下三个问题：

1. 对社会化电子商务模式的核心价值与创造过程把握不足

合理的价值驱动是促进商务模式运作的根本动力，对价值产生的核心资源、组织流程等的系统梳理是保障商务模式健康发展的关键。社会化媒体和社交资源既满足了消费者的社交需求，又产生了强大的网络用户流量和丰富的用户生成内容，社会化电子商务尝试将这两点进行有效引导，通过提升消费者的电子商务决策过程，为企业带来更多的经济效益。

本模式最终价值的获取是典型的多方协作价值共创过程，消费者体验起到主导作用，其运作应该是用户体验不断提升和企业效益明显增长的良性动态循环。当前很多企业虽然认识到社会化媒体和用户生成内容的重要价值，但落脚点更多的是考虑如何将其更快更好地转化为经济效益，对此过程中参与方的价值目标与相互关系、价值创造基础构架和创造过程把握不清，从而导致在实践应用中出现了较多的问题。

2. 缺乏对社会化电子商务模式不同价值整合路径差异的有效区分

自我实现价值与社会互动渴望集中体现了广大消费者群体应用社交类产品的动机，这与商务应用中的自利和实惠的动机存在差异（Dellarocas，2004；Hennigthurau，2004），这种价值差异会导致双方结合过程的冲突。

在社会化电子商务模式的价值整合过程中,基于社交的商务化增值与基于商务的社交化应用在价值传递、整合方式、群体聚合等关键驱动要素方面存在诸多不同,消费者对待两种整合路径的态度和感受以及接受能力也不一样。

社交商务化的核心是注重社交资源的稳固和用户生成内容,商务是其基础上的价值变现和延伸应用;商务社交化是强调借助社交等社会化资源,削弱商务过程中海量信息的决策困难,做好商务的引导和推荐工作,优化商务的过程,商务主体地位不能发生偏移。很多企业在实际运作中未能较好地区分和补充,缺乏对整合应用和价值提供过程的细致处理,最终影响了消费者对整体模式的价值认知。

3. 忽视了社会化电子商务模式中消费者从价值感知到最终持续使用的中间环节分析

如何吸引消费者持续使用是本模式面临的第三个问题。社交和商务整合应用带来的新鲜热度褪却后,消费者仍然持续使用并积极参与,是社会化电子商务模式成功运作的关键。

当前社会化电子商务应用的重点多集中在功能完善和群体效应等方面,忽略了警觉性消费对消费者接受意愿的影响。消费者从肯定接受某种创新模式的价值到最终持续使用和积极参与,仍需要一个平衡和综合的过程。Bandura(2005)指出,当消费者预计自身没有能力采取某种方式时,即使认可此方式的价值也会放弃这一行为,本环节的缺乏最终导致很多用户对基于社会化电子商务的应用望而却步。

(二) 问题的归集

综合上述问题可以看出,未能对社会化电子商务模式的价值驱动、价值整合过程和持续使用准确把握是导致本模式遇冷的关键所在。价值创造问题一直是企业战略选择、营销管理的核心问题之一,传统的价值观点认为,企业和消费者在价值创造中独立扮演着不同的角色,企业是价值的唯一创造者并在价值链上线性传递给消费者,消费者是价值使用者(Normann & Ramírez,1993)。但在用户接触点高度丰富多变的互联网应用背景下，消费者群体拥有驱动言论方向、打造口碑经济甚至颠覆企业品牌的巨大主动权和影响力，消费者的角色已从单纯的价值被动接受者向价值共创者甚至主导者转变。在当前网络用户中，20~29 岁用户占比为 30%，30~39 岁用户占比为 23.5%，"泛 90 后"已成为当前网络消费的主要动力，相对于价格，高品质、购物体验和品牌个性更是其追求的重点。因此，企业产品或服务价值的关注点需要从单纯的产品主导逻辑下的交换价值，向消费者主导逻辑下的体验价值过渡，强调消费者主导逻辑和体验价值的价值共创理论应用越来越广泛。

社会化电子商务模式尝试将消费者的社交应用和 B2C、C2C 等消费者直接参与的商务应用进行结合，通过优势互补，辅助消费者商务决策、拓展社交应用渠道，提升消费者的使用体验，从而实现整合价值。其应用过程应该是基于消费者主导逻辑的价值共创过程，消费者在此过程中起到决定性作用。该模式的成功应用应该是企业通过提供有效的价值主张，引导消费者增强价值认知、通过互动实现价值共创的过程。

基于此，我们有必要从消费者主导的视角出发，遵循提出价值主张→进行价值交互→实现价值创造的价值共创分析框架，研究社会化电子商务模式的价值创造问题，以消费者体验价值为主线，详细剖析社会化电子商务模式从服务提供到最终被消费者应用的全过程，把握社会化电子商务这一创新商务模式的核心价值驱动和价值共创过程，关注社会化电子商务模式中社交和商务价值整合路径差异，综合使用认知行为和劝说知识理论，分析社会化电子商务情境下，从消费者价值感知到最终持续使用行为的作用机理，探讨社交价值和商务价值的有效整合的方式与方法，为完善和发展这种创新模式提供有效的支撑，本书拟基于此思路展开相关研究。

（三）选题的目的及意义

本书针对当前社会化电子商务模式应用良莠不齐、消费者使用意愿不高的现状，归纳本模式应用中存在的关键问题，遵循消费者价值共创的分析框架，聚焦价值认知、价值拓展、价值传递到价值共创的全过程，重点分析社交和商务价值整合途径、价值交互及表现对感知价值的影响、价值感知到价值创造的过程，构建体现各自作用机理的概念模型并分别进行实证分析，根据实证结果提炼社交与商务整合应用的具体措施，以期为社会化电子商务模式的应用提供参考。

1. 理论意义

（1）丰富了价值共创理论中电子商务领域的研究。在互联网应用背景下，消费者的角色已从价值的被动接受者向价值共创者转变，价值共创理论以消费者与企业的互动为起点，将消费者感知使用价值视为归宿，勾勒出价值共创的逻辑框架，但对不同情境下价值提供和形成过程缺乏明确表述。本书以消费者主导的价值共创分析框架为基础，聚焦社会化电子商务模式中消费者价值的形成过程，分析从初始价值整合到价值共创的"作用过程黑箱"，并分别进行实证验证。基于消费者价值共创到价值接受全过程的社会化电子商务模式应用分析，是价值共创理论和消费者接受行为理论在社会化电子商务模式下的细化和完善，对推进电子商务领域的价值共创理论应用具有较好的参考价值。

（2）完善社会化电子商务情境下消费者行为的研究。拟从消费者体验价值形成和作用过程入手，分析社交应用与商务应用的价值整合和传递路径以及消费者价值创造过程。其中，综合创新扩散和信任传递的价值传递路径构建与差异分析是对产品创新扩散理论、品牌延伸理论的有益拓展；关注社会化电子商务情境下消费者从价值感知到持续使用意愿的作用过程，尝试打开在线决策过程中消费者内在心理的"作用过程黑箱"是对认知行为理论和价值感知理论、营销说服理论的有效结合和有益扩充，对完善网络环境下消费者行为研究具有一定的理论价值。

2. 现实意义

（1）有助于完善社会化电子商务模式的应用效果。鉴于创新对经济社会驱动作用的日益凸显，创新管理相关问题一直备受关注。社会化电子商务模式是网络环境下用户商务需求和社交需求的重要集成创新应用，本书尝试从消费者接受行为角度分析其价值提供和创造的过程，对完善和提升社会化电子商务模式的应用效果具有较好的指导意义。

（2）可以为实体企业电子商务转型提供借鉴。研究消费者群体在特定社会化电子商务情境下的接受行为这一问题，可以有效探究其在实施此行为时的内在心理驱动过程和机制，尤其是可以探究其从自身的社交需求转化为购物的商务需求中所展现出的价值过程，有利于企业调整推广策略，实现精准营销；同时，社会化电子商务模式尝试把社会的闲置资源进行有效重组和利用，它的健康发展既可以提供符合草根创业需求的轻创业平台，为双创与创业投资注入活力，同时也是实体企业实现电子商务转型、寻求新发展动力的有效保障。

三、国内外研究现状

（一）社会化电子商务的相关研究

作为电子商务的衍生阶段，社会化电子商务主要是指借助社会化媒体或社交网络平台进行社会交互和用户生成内容（UGC），并在各个参与方的共享与互动中协助完成在线销售和促进购买的行为。它主要有电子商务平台的社会化应用和社会化媒体平台上衍生电商活动等形式，现有研究主要从社会化电子商务模式的本质、社会化电子商务模式下消费者接受行为和持续使用等方面进行了探讨。

1. 对社会化电子商务模式本质的探讨

社会化电子商务是由社会化媒体与电子商务相结合而产生的电子商务模式的新的衍生化产品，能给企业带来更多的价值贡献，这是学术界普遍认可的观点。虽然对社会化电子商务的概念界定尚未统一，但是研究均认同社会化媒体加入后对商务的发展起到促进作用。

社会化媒体和传统电子商务结合产生的社会化电子商务，对企业带来的价值贡献已得到理论界的认可。现有研究认为，随着社会化媒体的快速发展，传统的电子商务信息交互从产品导向向关注社会联结和用户环境过渡，在此环境下，消费者通过获取社会化支持做出正确的购买决定，企业则通过聚焦消费者行为、购买期望，采取对应的经营策略。Colicev（2018）利用45个品牌的实际销售数据，分析了社会媒体对企业价值的贡献，并区分了自发媒体和企业官方媒体的不同作用。Zhang（2017），利用消费者的面板数据验证了社交资源和商务应用之间的关系，得出两者长期正相关的结论，为社会化电子商务模式应用提供了支撑。

现有研究在社会化电子商务概念的理解上仍存在差异。Richter（2007）、Stephen（2010）指出，社会化电子商务关注的是将推荐、反馈等社会化资源加入电子商务交易全过程中的影响。Lai等（2009）指出，社会化电子商务是在电子商务情境下，利用社会化媒体，特别是社交关系和用户生成内容来引导消费者帮助实现产品和服务销售过程。Dennison（2009）、Curty（2012）指出，社会化电子商务是销售商利用口碑应用，同消费者互动的密切结合，最终完成的电子商务活动过程，可以在社交网络或电子商务平台上完成。Kim（2013）认为社会化电子商务是社会化媒体驱动的一种新电子商务模式，通过整合线上线下资源，便于完成采购或销售的商务活动。Liang（2011）、Hajli（2015）指出，社会化电子商务模式是在广泛使用的社交网络平台上产生的商务活动。Liang（2011）、Busanlim（2016）描述为通过社会化媒体或社会化网络服务完成商务活动或交易的过程。

研究普遍认同社会化电子商务模式下，社会化媒体加入对电子商务的促进作用。Kim（2013）、Hjili（2014）认为，社会化电子商务借助社会媒体的社交资源增加了信息的透明性，促进了商务交易增值。Zhang（2016）、Liu（2016）指出，社会化电子商务中社会化媒体、社区互动和商务行为组成其核心要素，其中，社会化媒体的重要作用在于创建信息分享和交互的平台，建立和维持社会关系和促进产品和商务交易。Kumar（2016）

阐述了社交媒体的顾客行为对企业商务的驱动作用，强调了社会关系是社会化电子商务模式成功运作的关键。殷实和徐迪（2015）深度分析了社会化电子商务模式在创新应用方面的特点，重点关注了社交网络的活跃程度与用户数量对实际价值的贡献，成为社会化电子商务的核心部分。

综合学者们的分析，社会化电子商务模式的本质是电子商务和社会行为的结合，主要表现为社交平台的商务活动和商务平台的社交嵌入等形式，通过利用网络媒体等社会化资源，协助完成电子商务交易和行为过程，支持社交互动和用户生成内容（UGC）。用户生成内容、用户交互、社会认同等是其最显著的特征。

2. 社会化电子商务模式下消费者接受行为相关研究

一种新的电子商务模式成功与否的关键是被消费者最终肯定并接受。学术界探究了在社会化电子商务模式下消费者所做出的接受行为，研究分别从影响用户接受行为的要素、社会学和社会网络理论视角和消费者个体心理等方面进行了探讨。

现有研究对社会化电子商务模式下影响用户接受行为的因素进行了较为深入的探讨。王钦和童泽林（2015）指出，通过社交媒体平台体现出来的营销策略、企业展示和产品属性是社会化电子商务的三种主要驱动要素。张冕和鲁耀斌（2014）认为，依存感和自我构念两因素影响了用户对企业的组织文化认同，并进一步影响用户的购买意愿和内容生成。Shin（2013）实证发现，社交媒体的使用经验可以影响消费者的购买意愿，且二者呈显著的相关关系。杨学成（2015）基于CMC理论，研究了互动性、社会性因素的影响。Zhang（2014）验证了顾客体验及其前置要素的影响。方文侃（2017）分析了人人交互、人机交互两方面对社会化电子商务用户行为的影响机理。Chen（2015）、Hajli（2015）先后关注了社会化电子商务情境下的决策过程，实证分析了情感支持和信息支持对消费者商务和社交活动的影响。Hajli（2017）分析了社会化电子商务网站中基于信任的信息搜寻对购买意愿的影响，验证了信息的相似度、社会存在性要素的中介作用。Aladwani（2018）分析了在社会化电子商务消费者决策过程中，社会支持和商务价值两要素在消费者初始认知、互动交流、初始评价和最后行为的传递式影响，突出了感知社会支持的重要作用。Yahia（2018）关注了社交媒体平台对消费者商务意愿的影响，并利用 UTAUT2 模型分析了社会支持、平台感知有用性和信任等因素对最终过程的影响。

部分研究将社会网络和社会学相关理论结合起来，对基于社会化电子商务平台用户行为的影响问题进行了探讨。Chen（2015）从社会化因素对用户购买行为影响的角度入手，考虑社会支持、卖家不确定性、产品不确定性等，建立了体现其影响的概念模型。Nick（2015）基于社会支持理论讨论了用户持续参与社会化电子商务应用的影响因素。卢云帆（2014）等基于约束理论和社会学习理论研究社会化网络中消费者的交互和沟通对行为意愿的影响和作用机理。冯娇（2015）、林家宝（2017）也对社会关系的强弱程度等影响社会化电子商务环境下消费者行为问题进行了研究。左文明（2014）、高琳（2017）分析了网络口碑对社会化电子商务下消费者购买意愿的影响过程。Ullah（2016）证实了口碑对消费者购买行为的影响。Kim（2018）利用 Facebook 的商业数据实证分析了用户生成的社会化评论对消费者购买意愿的显著正向影响，佐证了口碑对电子商务活动的支撑作用。Lin（2017）实证了社会商务情境下消费者购买和分享行为的影响要素，发现社会支持会影响消费者的关系质量和信任进而影响其最终行为意向。

部分研究从消费者个体心理方面进行探讨，尝试将承诺—信任理论和信任转换理论等应用到消费者行为影响中。Kim（2013）分析了信任在社会化电子商务模式中对购买意图的直接影响，并将声誉、信息质量、口碑等作为前置变量引入模型。Ng（2013）分析了文化和信任在社交互动和购买意图之间关系中的调节和中介作用。Hajli（2013）分析了评论、推荐和有用性对信任和购买意图的影响。Liang（2011）等分析了社会支持、网站质量通过信任影响行为意图的过程。Shin（2013）综合 TRA 和 TAM 模型关注了社会化电子商务的行为意图、感知信任和感知社会支持对社会化购物行为的影响。Dennis 和 Harris（2011）通过研究指出，消费者自身具备的网络购物习惯会受到好友推荐的影响，信任与购物意愿具有正向促进作用。Zhang（2014）以刺激反应理论为依据得出了以下结论：自我参照性与社交性会显著影响其对能力的认知和情感信任及其对诚实的认知信任，并最终对用户的购买意向产生影响。甘春梅（2017）分析了社会化电子商务环境下消费者信任形成的影响因素。Hajli（2017）将信任作为前置变量，研究它通过应用的熟练程度和社会性临场感对行为意愿的作用过程。Lu（2017）将信任作为社会化临场感的中介变量分析它对行为意愿的影响。Farivar（2017）从信任和风险两个视角验证了社会化电子商务模式下购买意愿的影响，分析了用户习惯的调节作用。Lin（2018）、Hansen（2018）结合 TPB 模型和 TAM 模型研究了社会化电子商务的交互性、口碑效应等可见性功能对关系质量和最终购买意愿的影响过程，其中，相互理解、关系融洽等中介效应明显。

3. 社会化电子商务模式持续使用方面研究

消费者持续使用并形成顾客忠诚是保障社会化电子商务模式成功应用的关键。只有消费者全程参与并持续主动地通过社会化平台进行分享才能形成社会电子商务模式运作的良性循环。

现有研究从影响因素、技术支持、价值感知等方面对社会化电子商务模式持续使用问题进行了探讨。Lee（2015）以 Facebook 为例，分析了持续的社交应用对商务绩效的影响，强调了社交资源对商务的促进作用。Munzel（2017）构建了从社会网络特征到社会资本再到社会网络应用的概念模型，实证了社会资本在保持社交网络持续使用和商务变迁中的重要作用。Lin（2017）基于 SOR 框架分析了社会化电子商务网站的技术要素，认为交互性、推荐和反馈等对关系质量，乃至持续购买行为产生不同的影响。移动化趋势的普及对社会化电子商务模式持续使用问题具有较大影响，Yang（2017）区分了一般环境和移动环境下互动的差异，并对移动互动性对移动商务过程的影响进行了实证研究。Hung（2018）基于社会交换理论和理性行为理论对影响在线用户持续参与应用社会化电子商务的内在因素进行了研究，将影响消费者态度和行为的关键因素归结为企业承诺与感知收益。Huang（2018）发现，消费者使用经历、希望获取的自我价值和价值共创过程,是驱动其持续参与和使用社交媒体的关键。

综上所述,目前对社会化电子商务方面的研究已较为深入,研究均认可社会化电子商务模式的本质是电子商务和社会行为的结合,主要包括社交平台的电子商务活动和电子商务平台的社交嵌入两种形式。研究关注到消费者的接受行为和持续使用行为在社会化电子商务模式成功应用中的重要作用并进行了深入分析,丰富了社会化电子商务情境下经典模型的应用。但当前研究多注重消费者对社会化媒体和电子商务平台整合后的应用价值感知和其前置影响因素的作用,忽视了社交应用与商务应用两者的整合过程,对消费者的社交需求和商务需求价值转换过程缺乏细致分析,对社会化媒体和电子商务两类应用整合过程和路径差异的比较研究较少,对从不同感知价值认知消费者持续使用的中介要素和作用机理研究仍有不足。

(二) 价值共创的相关研究

在当前网络环境下,消费者的参与状态越来越活跃,并已经成为价值创造过程的重要组成部分,对设计、生产以及消费相关产品与服务起到了巨大作用,基于生产者的价值独创逐渐演变为生产者和消费者的价值共创。价值创造从关注产品交换价值转变为关注消费者的体验价值,从产品主导逻辑转变为服务主导逻辑。以此为基础,当前研究关注了价值共创理论的演进,并沿着体验价值和服务主导两条主线进行了深入探讨,对价值共创的前置因素和影响后果都进行了分析,针对社会化电子商务具体情境下价值共创产生和影响的研究也在逐步深入。

1. 价值共创理论方面的研究

(1) 当前研究对价值共创理论演进进行了梳理。价值共创的早期思想萌芽于共同生产,传统工业生产强调产品主导逻辑(Good Dominant Logic),生产者单独创造价值,消费者通过市场交换来获取自己所需的产品和服务,是价值的被动接受和消耗者。随着消费者市场地位的增强,价值创造由生产者的价值独创逐渐演变为生产者和消费者的价值共创。现有研究在价值共创理论的演进方面进行了梳理,探讨了价值共创的产生及主要视角问题。武文珍和陈启杰（2012）对早期出现的价值共创理论进行了梳理，对消费者体验与服务主导逻辑两个理论视角进行了着重介绍和比较，并以此为基础详细阐述了基于消费者逻辑进行的价值共创和基于生产者逻辑进行的价值共创，最终建立起以生产者与消费者逻辑结合的价值共创过程为主导的概念模型。Kannan（2013）、Paredes（2014）从价值创造的驱动开始归纳了价值共创的产生和主要视角，探讨了基于电子商务环境下价值共创需要依据的主要参与者和资源。Healy（2013）分析了虚拟社区中用户角色的作用及其参加价值共创的作用。简兆权等（2016）通过对国外文献的梳理研究了价值共创研究视角的演变，并对不同视角的内涵、主体和过程进行了比较分析。胡观景等（2017）对价值共创理论中产品主导逻辑、服务主导逻辑等逻辑的演变关系进行了整理，并剖析了价值共创在生产领域、消费领域和交互领域下的作用机制。刘雯雯等（2017）通过对国内外相关文献的系统梳理和整合，对价值共创的基本内涵和概念模型进行了分析与验证。

（2）对基于顾客体验价值视角的价值共创理论从概念框架、核心观点、作用机理和测度标准等方面进行了探讨。Ramaswamy 和 Prahalad（2004）提出了以"消费者体验"为模式的价值共创理论，其中重点说明了价值共创理念融合于一个完整的消费过程中。以消费者体验为主导的价值形成相当于消费者和企业联合创造的价值，并最终将与企业联合创造体验价值的核心和决定因素归结为消费者因素。袁婷（2015）通过构建能够突破价值创造边界、共同创造顾客价值的整合性概念框架，系统探讨了价值共创的过程、结果及价值共创活动对顾客价值的影响，提出价值共创由共同创造服务产品、体验环境和服务互动三个层面的价值共创活动构成；王新新（2011）探讨了社会网络环境下的价值共创活动，厘清了社会网络、服务占优、价值共创与消费体验之间的逻辑关系，提出了基于以上四者的研究架构。郭国庆（2012）从感知互动类型的角度出发，以在中国消费为限制情境，研究了感知互动与体验价值间的内部作用机理。李耀等（2016）明确界定了顾客独创价值的概念，探究了顾客独创价值在动机、方式以及过程方面与企业和顾客之间的相关关系。杨学成（2016）系统研究了汽车行业的相关案例，提出了以体验营销为主导模式的价值共创内在机理。Lan（2017）分析了价值共创中的服务主导性及其在共享经济中的应用，并以共享单车为例进行了说明。Merz（2018）强调顾客体验的重要性，给出了顾客价值共创的测度标准。

（3）对服务主导逻辑视角的价值共创理论相关研究从核心含义、角色定位、主要影响和行为后果等方面进行了分析。Varg和Lusch（2004）提出基于服务主导逻辑的价值共创，强调经济活动的服务性特征，共创价值蕴藏于产品和服务的使用过程中，是生产者和消费者在产品和服务的创造和使用中创造的消费总和。Wilden（2017）从服务经济产生与发展入手，梳理了服务主导逻辑的演进和涉及的主要内容，分析了未来应用的注意要素。Vural（2017）从服务主导逻辑的角度分析了价值共创在供应链管理中的应用。张婧和邓卉（2013）对品牌价值共创的关键维度进行了剖析，并实证探索了产品品牌价值的形成机理。钟振动等（2014）基于该理论角度，通过分析参与者的角色建造了顾客和企业互动的共创模型。张婧和何勇（2014）对现有的理论文献进行了整合梳理，并对知识密集型企业中服务主导逻辑导向、资源互动能力、价值共同创造活动、顾客价值认知间的关系进行了分析。吴应良（2016）应用服务主导逻辑框架分析了网络众筹的价值共创模型。易加斌和王宇婷（2017）基于企业—顾客导向视角对组织能力、顾客价值认知与价值共创的内在关系进行实证研究。江积海（2016）从服务主导逻辑的视角出发，运用扎根案例的研究方法探究了服务型商务模式对价值共创的作用机理。李雷（2016）在电子服务人机交互的情境下，通过将电子服务质量理论和任务技术匹配理论相结合，探讨了影响电子服务环境下人机交互的影响因素，对与电子服务企业紧密相关的企业规划和提升企业与顾客间的共创价值具有指导意义。李雷（2017）将网络平台功能性视为电子服务价值共创的触发点，将电子服务质量作为中间环节引入其中，充分论证了网络平台如何通过电子服务实现价值共创，打开了电子服务价值共创的"黑箱"。赵哲（2017）利用案例分析的方法明晰了垂直电商企业实现价值创造的过程,并深入剖析了该过程中涉及的构念的维度。Lindhult(2018)归纳了在服务创新领域中基于实践驱动的服务主导逻辑的应用情况。

总体而言,随着价值共创基础理论研究的深化,现有研究认可了随着消费者市场地位的增强,消费者和企业共同进行价值共创的价值创造新模式,并分别从顾客体验价值和服务主导逻辑两个方面对价值共创的概念框架、作用机理和共创过程进行了分析。

2. 价值共创对社会化电子商务模式影响的研究

在关注顾客体验价值和服务主导逻辑的社会化电子商务模式中,企业和消费者的价值共创显得尤为重要。现有研究针对社会化电子商务模式从价值驱动、价值共创参与方及相互作用机理、影响价值共创活动的前置要素和行为后果等方面进行了探讨。

(1)对社会化电子商务模式价值共创的驱动因素进行了分析。Kim 等(2007)通过分析现有的价值相关理论,突出价值感知的作用,提出了价值接受模型(VAM),并证明了相比 TAM 模型,VAM 模型在用户意图的剖析方面更具有可信性;感知价值对社会化电子商务的影响也得到了证实。Yun(2011)认为,感知价值与用于的行为意图显著相关,并且感知价值受到信息可信度、资源可信度和信任感的影响。周军杰(2015)指出社会化电子商务强调将社会化媒体的社交属性与商务价值增值过程相融合,但两者不同的价值驱动动机对用户行为的影响并不一致,因而,关注消费者对整合模式中核心价值感知的差异和转化的过程,是接纳社会化电子商务应用的关键;徐国虎和韩雪(2014)提出线上与线下相结合的互动机制实现了社会化电子商务的价值共创,通过创建和维护社交关系,在电子商务活动中嵌入社会化因素,实现了社会化电子商务的价值创造过程。Pan(2014)在研究共创体验的基础上,指出在社会化电子商务模式中,可将消费者的共创体验价值分为实用性、享乐性和社交性,并提出此三类价值会影响用户未来的价值共创的参与意向。Tajvidi(2018)研究发现交互性会影响社会性支持,进而影响价值共创的活动。

（2）对社会化电子商务模式价值共创的参与方、共创过程、机理等进行了相关探讨。研究认为企业和消费者是主要的社会化电子商务模式价值共创参与主体，社会化媒体是连接企业和消费者完成价值共创的重要桥梁，企业和消费者通过资源的整合和服务的交互共同完成价值共创过程。Hajli（2014，2017）研究指出，社会化电子商务的价值共创需要用户的参与、信任和承诺的约束，社会化电子商务平台提供了一个企业和用户交流的渠道，社会化电子商务所创造的运作体系为价值共创提供了若干的机会。Cheung（2016）指出，社会化电子商务不仅为消费者提供了一个获取产品或服务的渠道，同时个体还可以借助本方式发展社会关系，借助社会关系的消费者聚合可以带来更多的C2C、C2B或者O2O模式下的应用。杨学成（2015）从柔性价值网的视角分析了社会化电子商务情景下价值共创的产生机理。Akaka和Vargo（2015）、Vargo和Lusch（2008）认为，经济社会活动中的参与者和其社会性活动组成一个服务生态系统，参与者共同合作共创价值，资源的整合和服务的交互形成整个价值共创的过程。Barrutia（2016）从产品或服务的差异性出发，分析了电子商务环境下价值共创的过程。Merrilees（2017）从企业员工的参与度入手，分析了员工的参与和员工价值共创之间的作用机理。Luo（2015）研究了社会媒体的用户产生内容对交互性产生影响，进而作用于用户价值共创的过程。Huang（2017）分析了社交网络整合的作用，研究指出这种整合会激发用户的社会临场感，进而影响用户评论内容的产生。Li（2018）分析了在电子服务环境下，用户与计算机之间互动对价值共创的影响。

（3）分析了影响社会化电子商务模式价值共创活动的前置要素。Dennis（2017）检验了不同销售渠道下的消费者价值共创过程，特别分析了消费者基于社会连接性和自我认知在其中的作用。Zhang（2016）以社会化媒体为对象，建立了从消费者参与到价值共创行为再到口碑的概念模型，实证了消费者参与对功能性和享乐性价值的不同影响。Zhang（2017）基于创新扩散理论，分析了价值共创的影响因素并构建了概念模型，并验证了用户类别的差异。Casali（2018）研究了影响公司持续性和价值共创机会的要素，指出理念的匹配性起到了核心的作用。Kong（2016）在研究共创体验的基础上，构建了社会化电子商务情境下企业价值共创影响模型，通过研究发现技术要素、价值要素和社会经历会对信任和价值共创产生影响。Cheung（2016）建立了一个过程模型来描述社会化电子商务情境下消费者与企业间的价值共创过程，并验证了在影响要素中感知有用性仍然是核心要素。Hajli（2017）建立了一个价值共创的循环，并借助案例分析了在社会化电子商务平台下价值共创循环成功的关键因素，强调了网络外部性的重要作用。Tajvidi（2018）分析了社会化电子商务模式下品牌价值共创意图的形成，建立了用户的交互性、社会支持和关系质量到行为意向的概念模型，实证分析发现社会支持的中介作用明显。

（4）对社会化电子商务模式价值共创行为的后果进行了探讨。研究认为，该行提升了企业和消费者双方的价值，卜庆娟等（2016）分析了在虚拟品牌社区情境下顾客在价值共创互动过程中实施的行为，以及这些行为可能创造的价值，认为共创行为包含倡导、反馈、人际互动和求助四个维度，而顾客价值包含社会、娱乐和实用三个维度。何一清（2015）实证研究了互动导向、创新能力和创新绩效之间的关系，阐释了互动导向转化为创新绩效的机理。李震（2017）基于互动视角，划分了信息的流动方式以及消费者和企业的互动方式，将互联网平台分为自媒体、协作式、单项式和互动式四种类型，探讨了在不同平台下获得体验价值的程度。武文珍和陈启杰（2017）根据共创价值模式下顾客参与行为的特点，将顾客参与行为划分为信息分享、合作行为、共同决策三种，构建了顾客参与维度，探究了顾客参与行为对顾客满意和行为意向的影响机制。朱翊敏（2014）提出顾客融入行为是一种顾客购买行为之外的一种行为，其前因变量包括消费者、企业和环境三个层面，结果变量包括企业与消费者两个层面，消费者融入行为是一种共创价值的过程。Cossíosilva（2013，2016）分别验证了价值共创对客户满意度乃至消费者忠诚度的影响，并分析了价值共创产生和传递的作用路径。Navarro（2015）定性比较分析了价值共创与消费者满意之间的关系。Luo（2015）分析了价值共创活动对企业的消费者品牌忠诚度的影响，强调了社会化媒体的作用。Park（2016）分析了价值共创过程中不同价值的影响差异，Chen（2016）分析发现，用户的参与度显著影响价值共创的三个方面进而影响用户的满意度。Zhang（2018）分析了分享经济背景下价值共创的过程，功能性、社会性和情感性价值的创造与消费者支付意愿之间的关系，后两种价值的影响更为突出。

就社会化电子商务模式价值共创问题而言，现有研究认可该模式中价值共创的重要性，指出企业和消费者以社交媒体为连接平台，通过资源的整合和服务的交互共同完成价值创造。消费者的价值感知、忠诚度等因素会影响价值共创的效果。但是对该情境下社交和商务价值整合的路径探讨较少，从整合价值产生到消费者最终持续使用中消费者认知过程的挖掘仍然不够。

（三）文献述评

现有研究对社会化电子商务和价值共创两方面均进行了较为丰富的探索，形成了一系列的研究成果，但研究中对社会化电子商务模式价值共创的机理分析尚不完善，基于消费者逻辑的社交应用与商务整合过程，及整合后消费者的持续使用带来价值创造的形成机理问题仍存在欠缺。

1. 基于消费者主导的价值共创过程研究尚有待进一步深入

当前研究对价值共创的概念框架、核心观点、作用机理和测度标准等方面进行了探讨，遵循服务主导逻辑和体验价值两个脉络对价值共创过程中角色定位、主要影响和行为后果等方面进行了分析。但现有的价值共创研究大多是基于生产者逻辑的价值共创研究，探讨消费者通过参与新产品开发、服务创新、共同生产等方式与企业共同创造价值，而基于消费者逻辑的价值共创研究相对较少。社会化电子商务模式属于典型的电子服务类应用，消费者通过与企业提供的在线平台交互完成应用过程，消费者体验起到关键的作用，因此需要基于消费者逻辑来详细探讨其价值共创和应用的过程。

2. 对社会化电子商务模式下，对社交需求和商务需求价值转换机理和整合路径差异缺乏的细致分析

当前学者对社会化电子商务的特征、价值构成、驱动要素、创新应

用、模式接受等都做了较多的探讨，多数研究接受它作为一种衍生性模式对传统电子商务应用的补充作用。研究均认可产品特征、信任要素、社会化特征、应用情境等对消费者接受行为的影响，对该模式中社交和商务相互补充促进的价值都予以充分的肯定。在社会化电子商务模式接受行为方面，已经关注到消费者价值感知的重要前置作用，消费者对该模式的感知价值对行为的影响也得到了实证验证。在验证模型方面，多数研究以TAM、TPB等为基础，加入体现个体特征、社交支撑等变量进行验证，丰富了社会化电子商务情境下经典模型的应用。但是，当前研究中忽视了社会化电子商务模式核心价值中社交应用与商务应用两者整合过程部分，研究中多注重了消费者对整合后应用的价值感知和其前置影响因素，缺乏针对本模式中社交需求和商务需求价值转换过程的细致分析，两者整合的作用机理仍存在研究盲点，对基于价值契合的社交和商务两类应用整合过程和路径差异的比较研究仍较少。

3. 对社会化电子商务模式下价值共创的过程机理和关键环节详细研究存在不足

在社会化电子商务模式与价值共创方面的研究中，关注了技术要素、社会经历和信任等前置因素对体验价值的影响，指出了社会化应用与商务的结合是其价值共创的核心所在，探讨了激发消费者参与动机和互动交流的影响因素等，但仍缺乏依据消费者主导逻辑梳理社会化电子商务模式价值共创的不同阶段，进而分析其价值创造全过程的细致研究，缺乏对社会化电子商务模式的核心价值主张、关键资源等价值创造核心要素的有效把握，对从该模式价值共创过程的关键环节缺乏详细探讨。在社会化电子商务价值共创过程中，价值主张的有效提供是其基本前提，而社交应用与商务应用的价值驱动动机对消费者行为的影响并不一致，因而，两类价值有效引导与整合过程，对社会化电子商务模式的价值提供有基础性的意义。而且，在当前信息过载情况下，警觉性消费成为当前消费模式的主要趋势，消费者从价值认知到最终价值认可和持续使用行为中间仍需一个自身综合的过程，对这一过程的有效剖析有利于促进社会化电子商务模式的应用。

四、主要研究内容及安排

（一）研究思路

本书拟从社会化电子商务模式价值形成和作用的全过程分析其价值共创问题，从基于消费者主导的价值共创理论出发，遵循价值主张→价值交互→价值创造的共创价值分析框架，将社会化电子商务模式价值应用分为企业提出价值主张阶段和消费者价值共创阶段，分别探讨不同阶段的价值传递过程与运作机理。从创新扩散的产品视角与信任转移、品牌感知传递的用户视角，分析企业社交与商务整合价值提供路径与影响差异；从消费者认知行为的角度探讨自我效能感、说服抵制等心理认知因素在消费者整体价值感知到最终持续使用行为中的作用；从应用整合过程入手探讨完善社会化电子商务应用的具体方法与实施策略。

（二）主要内容

1. 社会化电子商务模式价值共创过程机理研究

在对社会化电子商务模式的基本概念、表现形式和应用现状进行总结的基础上，分析驱动社会化电子商务模式运作的核心价值、梳理其从初始应用到拓展应用的关键流程。遵循服务主导逻辑和顾客体验为核心的价值共创分析思路，构建企业提供价值主张→企业—消费者价值交互→消费者价值创造的社会化电子商务模式价值共创的过程框架，关注本过程中从初始应用到拓展应用的价值整合、从消费者持续使用到实现价值创造的价值共创等不同阶段，分析其中的作用机理，形成社会化电子商务模式价值共创过程机理分析框架。

2. 企业提供价值主张阶段：社会化电子商务模式价值整合路径研究

价值共创强调价值创造贯穿整个消费体验过程，企业负责提供价值主张和体验环境，消费者和企业通过互动产生个性化体验，从而形成全方位的价值认知。在此思路指导下，企业应重点关注如何通过价值引导，提供能为消费者产生独特价值体验的价值主张，并为此匹配支撑性平台和核心资源储备。对于社会化电子商务模式的价值共创而言，企业价值主张提供阶段的核心任务，是尝试从应用的角度实现社交拓展商务或商务中嵌入社交，为消费者提供社交和商务整合的应用情境。整合路径选择和整合过程的有效管理，是保障社会化电子商务模式有效应用的基础。

因此，本部分关注在社会化电子商务模式下，商务和社交整合中价值传递路径及影响差异。尝试从创新扩散的产品视角与信任转移、品牌延伸的消费者角度，整合信任、感知契合、社会影响等要素，构建社会化电子商务模式中社交和商务整合的价值传递概念模型，以基于社交的商务化发展路径与基于商务的社交化引入过程为关注点，借助实证数据，对本过程各要素的作用以及社交商务化和商务社交化拓展途径的差异进行分析，提炼影响不同路径发展效果的关键因素和它们之间关联作用。

3. 消费者价值创造阶段：社会化电子商务模式持续使用意愿形成机理研究

价值共创的服务主导逻辑强调消费者对服务的最终认可。在社会化电子商务模式下伴随着消费者的使用和互动活动，共创价值动态产生，形成个体差异化的价值认知，消费者需要对社会化电子商务模式的价值、个体能力、应用预期等进行综合和再判断，最终转变为对接受行为和价值的认可，完成该模式成功应用的最终环节，此过程的有效转换是保障社会化电子商务模式推广应用的核心环节。

因此，在厘清社会化电子商务模式价值整合和价值传递路径后，本部分关注消费者从价值认知到最终社会化电子商务模式价值接受的过程。借鉴社会认知理论的认知—预期—行为分析框架，综合消费者的心理预期和认知能力等要素，提炼消费者自我认知和营销说服抵制在此过程中的作用，以自我效能感和说服抵制为消费者预期的表征变量，建立"价值感知到自我效能感和说服抵制再到接受意愿"的作用机理模型,分析它们在消费者价值认知到接受意愿间的作用,并借助样本数据进行实证,挖掘和分析社会化电子商务情境下,消费者感知价值对接受意愿的影响过程和机理。

4. 社会化电子商务模式全过程交互的价值共创实施策略研究

在厘清社会化电子商务模式价值共创与应用关键过程后,本部分对社会化电子商务模式全过程交互的实施策略进行探讨。从前期接触激发→中期推荐支持→后期分享传播价值共创形成过程入手,探讨初始价值到拓展价值的引导、消费者综合使用以及后期体验分享过程中,实现社会化电子商务模式全过程交互的实施策略。探讨在线商务中社交需求的价值嵌入和社交过程中商务需求引入的思路与方法,关注两者结合的方式、时机、强度等信息呈现要素的影响和应对措施,针对整合价值产生到最终接受过程中消费者个体影响进行辅助设计,以期对当前社会化电子商务模式的完善和企业社会化电子商务应用提供有益的参考。

(三) 研究方法

(1) 通过对商务模式、感知价值、创新管理等理论和相关研究文献进行梳理和归纳,为深入探讨社会化电子商务模式价值共创问题提供理论支持。对社会化电子商务模式方面的研究分别从概念界定、消费者接受行为和持续使用等方面进行梳理,对价值共创方面的研究分别从理论演变和对社会化电子商务模式的影响方面进行总结归纳,为确定本书的立足点、研究视角以及展开后续的研究打下基础。

(2) 选择微信和支付宝钱包作为社会化电子商务整合的代表性应用案例,对两种不同的整合路径和差异进行研究。以创新扩散和品牌延伸等理论为基础,分别选择腾讯公司的微信和阿里巴巴公司的支付宝钱包,作为从社交到商务和从商务到社交的拓展应用案例,设计有针对性的问卷并实际调研,对数据进行收集、整理和计算,提炼出关键因素,为拓展路径概念模型的构建提供基础。

(3) 对价值整合路径和持续使用意愿作用机理模型进行实证分析。从价值驱动的视角构建社会化电子商务模式的基本运行框架，分别建立基于价值传递的社会化电子商务模式整合路径模型和价值感知到持续使用意愿的作用机理模型，利用调查问卷收集数据，构建结构方程模型进行数据分析，进而对实证结果进行针对性讨论。

（四）研究的技术路线

本书研究的技术路线如图 1.4 所示。

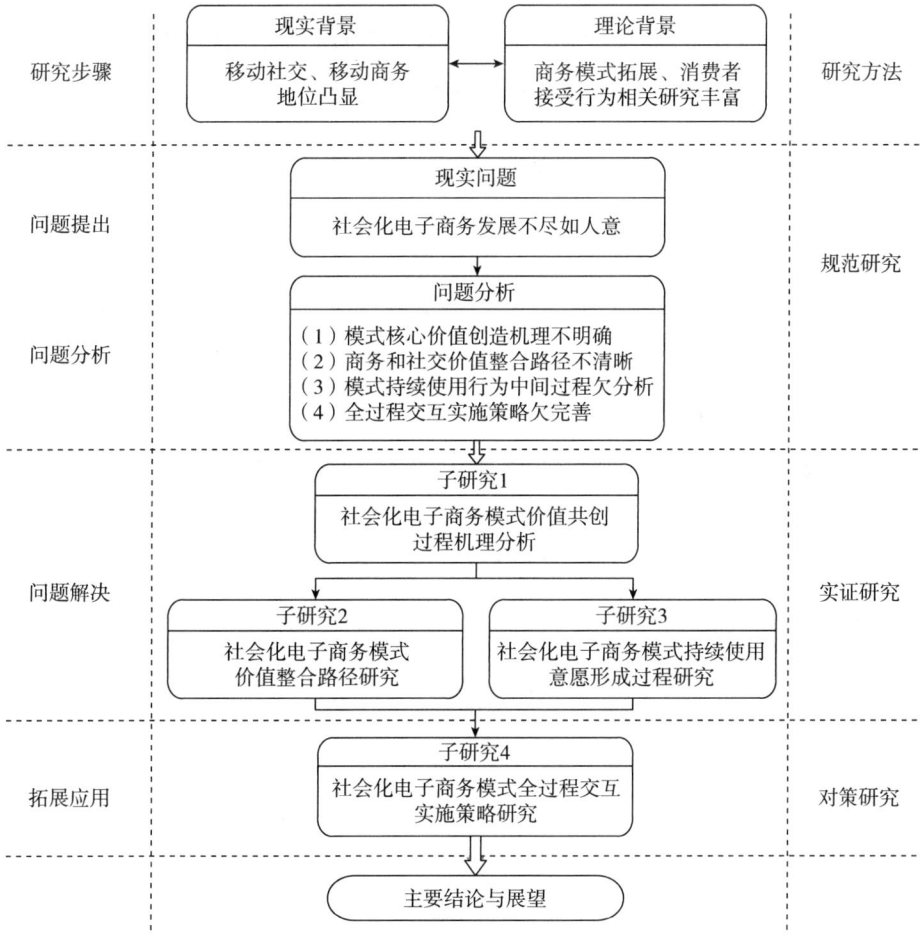

图 1.4　本书技术路线

五、创新点

(一) 遵循价值共创的分析框架,剖析了社会化电子商务模式价值创造的过程机理和关键环节

价值创造一直是企业战略选择、营销管理的核心问题,在互联网应用背景下,消费者的角色已从价值的被动接受者向价值共创者转变,以消费者为主导,以消费者与企业的互动为起点,将消费者体验价值创造视为归宿,构架出价值共创的逻辑框架,但对不同情境下价值提供和形成过程缺乏明确表述。

本书在总结基于电子商务平台的社会化资源嵌入和基于社交网络资源的商务应用拓展的两类社会化电子商务运作方式的基础上,从核心价值主张、关键资源、关键流程和盈利模式四个方面勾勒出社会化电子商务模式价值共创的基础框架,遵循共创视角下企业提供价值主张→企业—消费者价值交互→消费者价值创造的价值形成机制,对社会化电子商务价值共创过程进行了详细分析,厘清了各主要参与方的地位关系与价值目标;梳理了消费者体验价值和企业商业价值追求在共创价值中的先后关系,提出全过程交互实现价值共创是保障社会化电子商务模式健康可持续发展的观点,归纳出以消费者体验价值为核心的有效应用拓展、消费者持续参与等模式价值共创的关键点,总领了后续研究的脉络。

社会化电子商务模式核心要素的分析和提炼,为社会化网络资源商业价值的有效挖掘提供了参考,基于消费者主导的价值共创过程分析,为社会化电子商务模式的应用提供了指导,是创新性商务模式在网络环境下的

综合应用，对推进价值共创理论在不同情境下的完善与应用具有一定的借鉴意义。

（二）构建了社会化电子商务模式下社交与商务价值整合的路径模型，探讨了影响两类整合路径的关键因素和作用差异

鉴于创新对经济社会驱动作用的日益凸显，创新管理的相关问题一直备受关注。社会化电子商务模式是网络环境下用户商务需求和社交需求的集成应用创新，其价值整合过程既是企业推出创新产品应用的有效扩散过程，也是消费者从初始应用到拓展应用的信任和接受过程。

因此，从创新扩散的产品视角与信任转移、品牌感知契合的消费者感知角度，基于ELM框架构建了社会化电子商务模式价值整合路径模型，分析其价值主张被消费者接受的过程，并对基于社交和基于商务的两类整合途径的异同进行比对分析。研究发现，拓展应用的创新性特征是社交和商务整合过程中影响消费者感知效用最重要因素，相对优越性和两类应用的兼容性是消费者较关注的两个产品因素；创新性特征在增强消费者感知正向效用的同时，也会增强消费者的感知风险；社交和商务的感知契合度和功能设计关联性对最终意愿存在较大影响；用户信任和信任传递对整合接受意愿影响大于社会因素的影响，凸显了针对消费者体验的重点，进行切合情境的功能设计与有效的信任传递，是促进社交与商务有效整合的关键；两类整合路径在信任传递的作用、社会化因素影响、拓展过程感知契合度等方面均存在一定差异，需要进行针对性完善。

基于创新扩散和信任传递的综合作用模型的构建和实证，是品牌延伸理论和创新扩散理论在社会化电子商务情境下的整合应用，对两种不同价值整合路径的比较分析，对完善社会化电子商务模式下消费者行为问题有较大的指导意义。

（三）构建了感知价值—自我效能感和说服抵制—行为意愿研究模型，实证了社会化电子商务模式持续使用意愿形成中消费者认知心理的作用机理

认知行为学认为预期是认知与行为的中介，是行为的决定因素，当消费者预计自身没有能力采取某种方式时，即使认可某种方式的价值也会放弃持续使用行为。过度商业化使很多社会化电子商务模式演变为一种在线营销说服，消费者最终决策将需再经历一个自我综合的过程，如何实现消费者从对该模式的价值认知到最终持续使用行为的良好转换，是保障社会化电子商务模式价值共创实现的关键。

因此，本书从认知—预期—行为的框架出发，将说服抵制和自我效能感引入社会化电子商务情境作为从价值感知到产生意愿过程中的中间变量，构建社会化电子商务用户持续使用意愿模型，并探讨两者在此过程中的作用机理，尝试打开在线决策过程中消费者内在心理的作用机理过程。实证研究表明：自我效能感和说服抵制在此过程中均有显著的中介作用，且自我效能感对消费者的激励作用比说服抵制对消费者的削弱作用稍大，自我效能感和感知价值对说服抵制具有显著的负向影响，其中感知价值各个维度的影响作用存在不同；社会化电子商务情境下的消费者一般自我效能感对感知价值和特殊效能感具有显著正向促进作用。针对性提高消费者自我效能感，完善交互机制，挖掘感知价值中娱乐性和社会性价值的作用对最终模式的应用意义较大。

在消费者认知行为中，预期对行为影响机理的挖掘是对认知行为理论和价值感知理论、营销说服理论的有效结合和有益扩充，对完善消费者采纳行为研究具有一定的理论价值，而一般自我效能感和特定情境下自我效能感之间的作用关系和影响机理的验证，体现了两者的差别，将为现有自我效能理论的完善提供有效的参考。

第二章
社会化电子商务模式价值共创的机理研究

合理的价值驱动是促进商务模式运作的根本动力,对企业的核心资源、组织流程和价值提供等要素的系统梳理是保障商业模式健康发展的关键。Amit 和 Zott(2001)指出,对商务模式的分析能够较好地解释价值创造的来源,会影响交易参与者的选择。

作为传统电子商务的衍生阶段,社会化电子商务模式尝试将社会化资源与电子商务过程有效整合,提升消费者在线决策过程,在为网络消费者创造更多实用性价值和体验性价值的同时,为企业带来更高的利润和竞争优势,其模式的运作是典型性的多方协作的价值共创过程,对参与主体、价值主张、关键资源等基本构架进行梳理,基于价值共创的分析框架对价值创造过程进行详细分析,把握价值共创实现的关键环节是保障该模式应用与发展的基本前提。因此,本章首先在对社会化电子商务模式内涵和运作形式分析的基础上,从体现消费者主导逻辑入手,对社会化电子商务模式价值共创的过程机理进行系统分析。

一、社会化电子商务模式的内涵

（一）社会化媒体

1. 自媒体与社会化媒体的概念

媒体（Media）是传播信息的媒介，传统媒体时代只有权威组织机构才具有媒体资质，它们通过传统媒介（电视、广播、报纸、杂志等渠道）向大众传播信息，随着数字技术和网络平台的快速发展，信息的产生和传播渠道都发生了较大变化，互联网成为发布信息的主要渠道，大众成为各类信息的产生者、传播者和使用者。

2003 年，SBowman 和 CWillis 联合发布了 WeMedia 的线上研究报告，首次提出了自媒体概念。报告指出"WeMedia（自媒体）是普通大众在数字技术支撑下与世界知识体系衔接后，展示与传播有关他自身经历的渠道，是利用现代化、电子化的方式向不特定的多数人或者特定的单一个体传送规范性和非规范性信息的新型媒体的总称"，将媒体的传播者限定为"个人"的自媒体突出强调了普通大众的核心地位。

以 Facebook 和 Twitter 为代表的社交网站快速崛起，变成网络时代的基础性应用，与搜索引擎、门户网站和电子商务并肩前行，社会化媒体概念随之兴起。2007 年，Antony 在《什么是社会化媒体》一书中提出了社会化媒体的概念，并指出"社会化媒体（Social Media）是一种给予用户极大参与空间的新型在线的自媒体。它在网络世界中虚拟了现实世界的人际关系，而且将现实世界里的信息传播方式转移、放大至互联网，信息提供者是个人，信息接收者是由参与者组成的社交网络"，随后有学者从不同角度对社会化媒体概念进行了丰富，Murphy（2014）指出，社会化媒体是一种促进沟通的自媒体平台,帮助媒体受众参与、谈话、交际、分享、标记等。Vasalou(2008)强调了社会化媒体中个人作为信息发起者,社交网络作为信息传播渠道的核心特点,并对不同的传播机制进行了分析。Correa(2010)在界定了社会化媒体的内涵后,对社会化媒体个人的行为特征进行了分析,研究了用户个性特征与用户社会化媒体使用之间的关系。Pentland(2012)对社会化媒体的内容和使用规则进行了界定。Luarn 将社会化媒体视为网络中建立在社交用户关系上的内容生产与交换平台。Risius 和 Beck 认为,社会化媒体是一组基于 Web 2.0 理念、技术,并且以受众为中心、社交网络为平台,共同创造、开放创新为特点的互联网络应用。

综合已有研究,社会化媒体(Social Media),即社交媒体、社会性媒体,是指在 Web 2.0 为代表的网络化技术普及应用基础上产生的,允许参与个体撰写、分享、评价、讨论、互动沟通的平台,是众多网络用户自发用来创造新闻资讯、分享意见、见解、经验和观点,并通过社会化关系网络进行互动交流和传播的工具。现阶段主要包括社交网站、微博、微信、博客、公共论坛、品牌社区等,消费者社交聚焦和沟通分享的社会化资源平台。

2. 社会化媒体的用户生成内容

社会化媒体有别于电视、广播、报纸、杂志等传统的信息传播媒介所采取的"自上而下"、"点对面"的传播方式,突出强调"互动交流"的网络化传播方式,任何参与者都具备提供与分享他们自身的事实、新闻、知识等的途径,并通过自己的关系网络进行分享,每个人既是信息的产生者又是接受者,以公开性、易参与性、聚合性等特点吸引了众多网民的参与。例如,基于兴趣社交的微博、基于熟人社交的微信、基于知识社交的知乎和小米等知名企业的品牌社区等都具有强大的受众群体。

用户生成内容(User – generated Content,UGC),是指用户将自己原创的内容通过社会化媒体进行展示或者提供给其他用户的动态行为方式,也指基于网络用户产生的图片、文字、音频、视频等网络信息内容与资源,它是 Web2.0 时代下一种特有的网络信息资源创造与运作模式。它的参与主体包括个体、组织和社会群体，发布平台包括微博、博客、SNS等社会化媒体，内容涉及娱乐型、社交型、商业型、兴趣型和舆论型等形式，是社会化媒体吸引网络用户参与和关注的核心之一。

（二）电子商务模式

1. 商务模式的概念

随着以互联网为代表的创新性技术的不断推进，企业所处的经营环境和经营手段都发生了较大的变化，商务模式（Business Model）一词被频繁提及并影响企业的经营管理，Schumpeter指出，来自商务模式的竞争将是企业面临的重要竞争，很多观点认为，商务模式创新已成为企业成功的关键要素之一，目前，关于商务模式概念和构成的界定尚未统一。

学者们的研究涉及了从产品到产业，从具体业务运营到整体企业战略多个层面，从经营活动和经营模式、交易结构和盈利模式、治理框架和战略定位和竞争手段等多个方面进行探讨。例如，商务模式被认为是形成战略优势的主要依据，是组织经营的描述和业务经营方法，是企业技术商业化的重要工具，是企业与其利益相关者的交易结构，旨在为所有利益相关者创造价值的业务系统，是由企业、供应商、竞争者、消费者所形成的网络运作的体系结构，是企业的业务活动系统及其治理结构等内容。Amit（2001）认为，商务模式是"为了利用商业机会创造价值而设计的交易内容、交易结构和交易治理机制"。Allan和Afuah（2004）定义商务模式是企业以创造最大客户价值和获取最大利益为目的，进行资源配置的时间、方式、活动的集合。Zott（2009）强调其是生产资料经过技术转换，为消费者创造价值的运作流程。魏炜等（2012）认为，商务模式作为解决企业战略前的战略问题，最终目标是实现企业价值。

总体而言，当前对商务模式的研究涉及从关注盈利点为核心到追求利润来源的价值链，从参与主体相互合作到战略层面构造等多个维度，将商务模式的认知扩展到立体多维体系，形成了错综的丛林式概念体系。尽管大家对商务模式进行了多维度的解读，但作为一种建立在多种构成要素及其关系之上，用来说明特定企业商业逻辑的工具，其强调的"价值创造"的思想得到一致的认可（Amit & Zott, 2001; Hedman & Kalling, 2003; Bonaccorsi, 2006）。Timmers（1998）将商务模式界定为"企业价值创造的基本逻辑"。Afuah 和 Tucci（2001）认为，商务模式是为客户创造价值活动、资源及其联系的体系。原磊（2007）从价值主张、价值网络、价值维护和价值实现四个因素考虑，将伙伴价值融入消费者价值、企业价值中，认为价值必须通过顾客、伙伴和企业的合作来创造。Osterwalder（2009）将商务模式阐述为企业创造、捕捉及传递价值的基本逻辑。Teece（2010）、Suarez（2013）强调商务模式的核心意蕴在于"价值"，商务模式就是价值的创造和分配机制，它规定了价值传递的方式和过程。Amit 和 Zott（2001）指出，商务模式更加适合用来解释价值创造的来源，它不仅涉及企业的交易环节，而且还会影响交易参与者的生产选择。

综合以上观点，从价值创造的角度看，商务模式是企业通过核心资源、组织设计生产和交易的内容、流程并提供保障措施，为核心企业以及参与交易的各方创造更多价值的运作体系。

2. 电子商务模式的概念

随着网络基础设施的完善和社会信息化程度的大幅提升，作为建立在互联网上进行商务活动的虚拟网络空间和保障商务顺利运营的管理环境，电子商务平台已逐渐成为为企业或个人从事网上交易的主要方式，特别是与个人消费者直接相关的B2C（企业对消费者）、C2C（消费者对消费者）电子商务平台占社会消费品零售的比例日益提升。根据 Amit 和 Zott 等学者的描述，电子商务作为一种新的商务模式，其价值创造的来源主要包括效率、互补性、锁定性和创新性四个方面。其中：

（1）效率是电子商务平台的首要价值驱动因素。电子商务平台利用互联网使交易更加透明和开放，减少了很多中间环节，降低了交易成本，提高了交易速度和便利性，从而显著提高了交易效率。

（2）互补性是指电子商务平台可以通过提供多种互补型的产品或服务，为客户带来更多的价值，互补可以采用产品与产品的互补、线上与线下的互补以及技术的互补等多种形式。

（3）锁定性是电子商务平台可以通过提高交易的可靠性和顾客信任、网络外部性形成的群体效应等，促进消费者重复使用，从而形成用户的锁定。

（4）创新性是指电子商务平台为企业创新应用提供了入口。电子商务平台开放互联的特征使企业可以通过引入新的合作伙伴、采用新的交易方式来实现交易创新，在此基础上，促进产品、工艺和组织管理等多种创新的实现。

综合上述内容，从价值创造的角度看，电子商务模式可以描述为借助以互联网为代表的网络技术和网络基础设施，以信息流为载体聚合各参与方资源，驱动主体间物流、资金流、商流有序、高效流动，从而开展各类高效、低成本的商业活动，为各参与方提供价值增值的商务运作体系。

（三）社会化电子商务模式

1. 社会化电子商务模式的产生

电子商务模式的蓬勃发展为消费者带来了日趋丰富的产品和服务，但随着行业细分和企业间竞争的加剧，信息过载、信任度降低等因素导致消费者选择越发困难，社会化媒体的兴起为解决此问题提供了思路，尝试将用户社会化媒体和用户生成内容与电子商务结合的社会化电子商务模式由此产生。

20世纪90年代末，Amazon和eBay网站为网上购物消费者提供发表产品和卖家评论的功能，可以视为社会化电子商务的雏形，2005年Yahoo公司正式提出社会化电子商务（Social Commerce）概念，初期主要关注购物平台上寻求他人意见的社交购物过程，随着Web 2.0技术和社会化媒体的发展，逐渐延伸到受社会化媒体影响的交易活动全过程和多种整合形式。

此后，诸多学者和互联网企业从技术、商务、应用等不同角度对社会化电子商务进行了系统的界定和分类：其中，Ambell（2011）、Wang（2012）、Kim和Park（2012）从计算机科学领域指出，社会化电子商务是

第二章 社会化电子商务模式价值共创的机理研究

社会化媒体驱动的新的电子商务模式，通过社会化资源整合线上线下的环境，突出强调了 Web 2.0 技术的支撑作用。Marsden（2009）、Stephen（2010）从心理学的视角指出，社会化电子商务是社区网络等社会化资源对消费者在线影响的心理状态。Lai（2010）从市场营销的角度指出，社会化电子商务是企业借助 Web 2.0 的技术，聚合社会化资源，形成新的营销工具，从而辅助消费者决策的流程。Marsden（2011）整理了 22 种关于社会化电子商务的不同定义，将社会化电子商务看作是口碑、可参考的意见以及朋友帮助购买的集合体。

现有关于社会化电子商务含义的探讨中，有研究侧重社交媒体的核心地位，例如，Stephen 和 Toubia（2010）将社会化电子商务看作建立在互联网基础上所形成的社会媒体，用户可以在市场和社区参与到产品或服务的营销和销售活动中。Richter（2007）、Liang（2011）指出，社会化电子商务是借助 Web 2.0 软件，通过社会化媒体延伸和完成的商务交易或其他行为。也有学者强调基于商务流程加入社会化因素，促进商务活动。研究普遍认为社会化电子商务具有用户生成内容、用户交互、社会网络、兴趣与消费参与、社会认同等明显的社会化特征，属于用户社会化资源商务应用的有效挖掘（Chen，2013；Kim，2013；Shi，2015）。

综合以上分析，社会化电子商务模式是在 B2C、C2C 等消费者直接参与的传统电子商务模式的基础上，衍生发展起来的新方式，是借助 Web 2.0 技术利用社会化媒体有效整合用户生成内容，通过各参与方之间的共享和互动，协助完成在线销售和促进购买行为的商务运作形式，其本质是社会化媒体及其聚集的虚拟社会化资源与电子商务活动结合，强调了客户贡献和用户自生成内容的重要性。

2. 社会化电子商务模式的特点

与传统的电子商务模式不同，社会化电子商务模式更加突出情境性、交互性和个性化的特点。

（1）情境性。传统电子商务运作的核心价值体现在效率、产品或服务的集成性等方面，主要强调通过一站式购买和最大化顾客效率，实现消费者的锁定和即时性销售。社会化电子商务的首要目标是依靠社会关系网、通过协同和信息分享，引导消费者的商务过程，优化消费情境，提升其感知价值，通过用户社交网络和用户参与创造价值。

（2）交互性。传统电子商务中的消费者独立个体单独与商家进行交流，在社会化电子商务中，消费者通过更具备社会性和系统交互性特征的平台展示自我，并能与其他消费或者和商家进行更多的交互与分享，可以更好地增强用户体验。

（3）个性化。传统电子商务注重标准化生产，社会化电子商务更加注重满足消费者的商务、社交和享乐等多项个性化需求。社会化电子商务过程是对顾客的关注，通过对用户生成内容的深入挖掘，进行针对性的引导，提供个性化的服务。消费者既可以通过在线协作、交换产品和服务的信息等方式，通过可信的消费者获取建议，做出更加有效的购买决策，又可以将自身体验通过社交网络进行分享和传播，为其他消费者提供引导。

3. 社会化电子商务模式主要运作方式

RSS、Tag、协同推荐、SNS 等 Web 2.0 技术发展，使社会化媒体在线交互能力不断完善，以微博、微信、社区论坛等网络社交平台为传播载体的社会化媒体，用户数量以及随之而来的用户生成内容的规模急剧增长，社会化应用与商务结合的社会化电子商务实践形式也逐渐增多，综合当前的各类社会化电子商务的应用，主要包含以下几种类型：

（1）基于电子商务平台的社会化资源嵌入方式。电子商务平台借助某种外在激励将其已有的和潜在的消费者吸引到特定的社会化平台中，通过独特的营销方式、拓展信息获取渠道来增强消费者对商家和产品的信任，最终实现提高销售量的目标。在这类社会化电子商务模式中，主营业务是电子商务，而社交网络存在的目的是为加快其主营业务的发展速度，以便适应互联网时代下社会化应用的趋势而服务。其主要功能有：一是利用社交网络的个性化服务，加强用户间及用户与网站间的联系，如买家秀、购物相关话题的分享和交流等，提高用户对平台的信任度黏性；二是建立稳定的虚拟社区关系，发挥引导示范作用从而提高用户的购买行为。

具体形式方面如阿里集团的"来往"、"钉钉"以及苏宁易购的"云信"、网易集团的"易信"等，是企业专门针对自身电商业务开发的社交APP，利用这些社交产品发放优惠券和红包，从而增加用户群体，提高用户体验。也有企业将电子商务网站与虚拟社区结合，如淘宝的"淘江湖"、"闲鱼"，小米有品的小米社区等，利用虚拟社区聚焦人群，交流产品购物心得，起到示范引导的效果。

（2）基于社交网络资源的商务应用拓展方式。这种类型的社会化电子商务模式以社交网络为主导，是依托社交网络所拥有的用户数量和社交人际关系，提供不同的增值服务或开展与电子商务相关的业务，从而捕捉社交网络的潜在商业价值。社交网络主导下的社会化电子商务的目标是在不违背社交网络初衷的前提下，将社交网络中具有的社交图谱、用户资源和开放式的平台进行整合，实施精准营销，利用社交网络中的用户资源来推动电子商务业务的向前发展。

在具体应用方面，阿里巴巴入股新浪微博，两者合作推出的"微博淘宝版"、微信联手易迅推出的微信商城，以及基于微信开放平台的网购小程序、蘑菇街、美丽说、小红书等，从分享社区到电商应用的拓展等都是社会化电子商务模式的不同尝试。在国外的实践应用方面，Facebook、Twitter也都开始从社交中延伸出购物导向等应用。

（3）通过社交的商务导流方式。该方式是对当前电子商务企业的产品或者服务进行整合、分类和推广，分离出有关领域的信息检索、产品或服务的推荐、对比、评价和分享等业务，搭建企业自己的社区，通过社会化的途径为电商市场的发展提供导流服务。此类运作方式以基于兴趣和目的的垂直化平台居多，如糯米网依靠人人网建立团购网站平台，基于人人网的用户、内容和关系三方面的资源来展开电子商务相关业务，拼多多借助强人际关系促进其商务模式的快速增长，蘑菇街和美丽说主要整合了天猫和京东的商品社会化应用等。这种方式虽然是将社会化资源独立于电子商务平台之外，但其核心仍然是以现有电商平台为基础，为其提供前期引导和后期评价分享的工作，因此，本书不作为单独形式分析，将其归类为基于电子商务平台的社会化资源嵌入方式。

以上主要社会化电子商务模式都强调社交需求与商务需求的结合，区别在于实现方式和侧重点有所不同。其中：

（1）基于社交的社会化电子商务运作方式的核心是社交，注重社交资源的稳固和用户生成内容，以此形成社交需求的有效聚合，商务是其流量基础上的延伸应用，属于社交→商务的拓展方式，丰富用户一站式集成应用。

（2）基于商务平台的社交资源引入的核心是商务，强调借助社交等社会化资源减少购物过程中的选择困难，做好商务的引导和推荐工作，最终回到优化商务的过程中，属于商务→社交→商务的方式，关注社交资源对商务的优化作用。

二、价值共创的内涵

（一）价值共创思想的产生

在19世纪服务经济学的相关研究中，价值共创的思想已经初见萌芽。Storch（1823）在探讨服务业对经济方面的作用时提出"服务的过程需要生产者与消费者的共同合作"，这一观点实际蕴含了由生产者和消费者共同决定服务结果和服务价值创造的思想。20世纪60年代的消费者生产理论认为，消费者利用自己的知识、时间和能力等消费资本，使用生产者提供的产品或服务创造出能够满足自身需求的价值，生产者和消费者共同扮演价值创造者的角色，体现了价值共创的思想。

Prahalad 和 Ramaswamy（2000）正式提出价值共创的思想，认为企业未来竞争将取决于一种新的价值创造方式——以个体为中心，由消费者和企业共同创造价值。此后，众多学者在各自研究中从不同角度对价值共创进行了阐述，其中，Vargo（2008）和Gronroos（2009）认为，价值共创主要是指企业提供价值主张，消费者将其作为生产资源投入消费过程，通过企业与消费者的互动，价值由企业和消费者共同创造。Doorn（2010）认为，价值共创实际上是企业与消费者合作进行产品或服务的创意、设计和其他自主行为。因而，价值共创既包括有意识的行为，也包括无意识的行为。价值共创有两层内涵：一是消费者作为资源掌控者，参与生产者生成价值的"价值形成过程的共创"；二是生产者作为资源掌控者，参与消费者"价值发展过程的共创"（Gronroos，2008；Auh，2007；Nambisan，2009；Chan，2010）。

总体而言，价值共创强调消费者在商务活动中的核心地位，由传统观念中的企业能为消费者带来什么，转变成消费者能为自己带来什么。其中，消费者可以参与到企业产品或服务的设计、生产到销售的整个流程中。狭义的价值共创是指企业与消费者在直接交互过程中共创使用价值；广义的价值共创则是指企业与消费者在包含产品或服务的研发、设计、生产以及消费等整个业务流程中的共同的价值创造。消费者和企业以直接或间接的互动与合作的方式，共同创造消费者个性化定制、自助式服务（Self-service）、参与式营销、体验式营销（Experiential Marketing）等，都是在价值共创理论基础上衍生出的重要理念。

（二）价值共创思想的演进

价值创造是企业关注的核心问题之一，传统的价值观点认为，企业创造价值并在价值链上线性传递给消费者，消费者是价值使用者。随着当前企业与消费者合作的增多，两者价值创造的角色随之发生了变化，价值不再是由企业单独创造，而是由企业和消费者互动共同创造。基于此的价值共创理论成为当前理论探讨、企业构建核心能力的新取向。价值创造也从生产者独创推进到价值共创并被深化和发展。其中：

1. 基于产品主导的生产者独创阶段

在此阶段，生产者被看作唯一的价值创造者，产品或服务是价值创造的载体,生产者自行整合各种优质资源,决定价值创造过程,生产者关注的核心利益是实现产品或服务的交换价值;消费者是价值的被动接受者,通过市场交换来获取自己所需的产品和服务,并在消费过程中消耗价值。在以产品为主导的生产者单独创造价值模式下,消费者和企业进行等价交换前,价值附着在生产者所制造的产品或服务上,市场交换产品或服务的价值是得以发挥的唯一方式,生产与消费作为两个独立的过程而分离,两者只是在市场交换中进行交互。

2. 体现消费者主导的价值共创阶段

在此阶段,价值创造不再由生产者单方面决定,价值创造系统成为一种对外开放的系统,消费者作为关键的可操作性资源开始加入价值的创造过程中,与生产者一起创造价值,转变为价值的共同创造者。作为价值创造的主体之一的消费者,把自己拥有的智力等无形资源投入价值创造过程,完成价值的感知和获取,以满足自身需求,并影响企业实现其价值(Vargo,2011)。此时生产者和消费者在生产和消费过程中相互融合,不再彼此独立,并由此延伸出以消费体验和服务主导逻辑两条主线为基础的价值共创领域的研究:

(1)基于消费者体验的价值共创。Prahalad 和 Ramaswam(2000,2004)强调了消费者体验的重要性,基于企业竞争角度分析了新时代背景下由于消费者与企业角色转变所引起的企业经营理念和经营模式的改变,提出企业构建新的战略资本和塑造新的核心能力的全新战略取向是企业与消费者共同创造价值;强调两者通过持续不断的互动和对话,一起打造个性化体验,其价值共创体现在企业和消费者互动以及顾客体验形成的整个过程中,企业共同打造体验价值的核心和关键因素是消费者。由此,企业需要把自身的战略重点从推出产品和服务转向为消费者提供新的体验环境,让消费者参与创造对他们来说赋有独特意义的体验价值。企业应该将注意力和精力从企业内部的产品生产流程设计以及质量管理,转到企业与消费者之间互动的质量和能够让消费者产生独特体验的互动环境的营造上。

第二章 社会化电子商务模式价值共创的机理研究

（2）基于服务主导逻辑的价值共创。Vargo 和 Lusch（2004）的服务主导逻辑思想认为，企业只提供价值主张，并为价值创造提供必要的条件（环境、人员、商品等），企业以及其他利益相关者均是资源整合者，资源整合者通过持续不断的互动来共同创造价值，而消费者作为价值共创的核心主体，在参与互动的过程中可以收获满足其需求的价值。

在服务主导逻辑下，消费者和生产者并非处于生产和消费两个相对独立系统中，而是处于服务构建的逐步开放和相互融合的系统中。生产者可以借助和消费者的交流积极说服消费者，引导他们参与价值的共同创造过程中。作为资源整合者的消费者通过整合利用各方不同资源来实现共创价值。价值是伴随消费者的消费活动和交流互动而动态形成的。对于消费者而言，价值形成的过程是与消费情境以及消费需求的个性化创造相关的；对于生产者而言，价值形成的过程则体现了生产者尝试将自己放置到消费者的应用情境中，为消费者参与价值共创活动提供及时的便利和帮助，并与消费者进行互动与合作。

3. 两种价值共创思路的区别

（1）两种价值共创思路提出的视角不同。基于消费者体验的价值共创立足于企业经营模式与战略布局的微观层面，从企业战略管理与竞争角度出发来探究价值共创的相关问题，对于企业在新型价值创造模式下调整自己的经营战略具有非常重要的实践指导意义。服务主导逻辑下的价值共创是从经济的发展和模式演化的宏观角度提出来的，服务主导逻辑可以看作一种经济模式，这种经济模式的特殊表征在于企业和消费者共创价值，体现了"一切经济都是服务经济"的前提条件下消费者和生产者在价值生成过程中的关系转变。

（2）两种价值共创思路覆盖的价值共创范围存在差异。消费者体验为核心的价值共创包含的范围比较广泛，其更加侧重基于消费者的体验来考察共创价值，认为价值是存在于消费者个性化的体验中，顾客互动、个性体验是价值共创实现的特有因素，可以出现在产品或服务的研发、设计、生产、消费和售后服务等每一个价值的形成阶段，从价值产生的范围来看具有比较丰富的内涵。基于服务主导逻辑下的价值共创范围相对狭窄，特指使用价值共创，强调服务是交换的根本基础，认为企业不能向消费者传递价值，而只能提出自己的价值主张，企业通过和顾客互动的服务交换和资源整合而实现价值共创，主要针对价值生成的特定阶段——使用和消费阶段。

不同推演逻辑的动态演变体现了价值共创领域研究视角的不断变化和发展，逐渐从以产品为主导的生产者独创价值阶段延伸到体现消费者作为主导的价值共创阶段，而且随之产生了消费者体验和服务主导逻辑为核心的两种价值共创思路。两种价值共创思路都强调了价值创造主体的多元性，不同在于基于消费者体验价值共创从微观角度出发，聚焦了生产和交互两个层面的价值共创，基于服务主导逻辑的价值共创则从宏观角度出发，更加注重产品或服务在使用以及消费领域的价值共创。

（三）价值共创思想的本质

1. 一个过程，指企业与消费者通过有目的共同参与活动所形成的个性化体验过程

在这个过程中，消费者扮演的角色与企业扮演的角色主要有以下两种认识：一是在生产领域中，价值由双方共同创造，企业作为主导者，而消费者作为合作者；二是在消费领域中，价值由双方共同产生，消费者作为主导者，而企业作为合作者。Grönroos（2008）认为，价值创造实际上包含两个过程：其一，资源掌握在生产者手中，生产者参与到消费者创造价值的"价值发展过程的共创"；其二，资源掌握在消费者手中，消费者加入生产者创造价值的"价值形成过程的共创"。从消费者角度看，价值是自身利益与损失之间的权衡，从企业角度来看，价值是企业追求的财务业绩、品牌认知等。价值共创不但能够达到提高消费者满意度的效果，而且也能为企业经济效益的提升助力。

2. 企业和消费者通过持续性互动、共同创造价值的过程

价值共同创造过程是消费者和企业投入自己的资源，以创造自己所需

的价值。通过不断的互动与合作，以达到交换资源、为自己创造价值的同时也为对方创造价值的目的。Gummesson 和 Mele 把价值共创过程分为主体互动和资源整合两个阶段，认为商品主导逻辑关注的交换价值（Value – in – Exchange）以及服务主导逻辑关注的使用价值（Value – in – Use）不能够将价值共创的内容完全涵盖，然而利用系统整合和归纳的方法从网络层面的视角出发提出的情境价值的观点认为，情境价值可以概括消费者导向下的使用价值和企业导向下的交换价值，能更全面地涵盖价值共创的内涵。

（四）共创视角下价值的形成机理分析

共创思想为企业的价值创造方式提出了很好的思路，根据资源基础观，组织资源需要经过一系列的有效管理才能形成相应的能力体系，最终为组织带来竞争优势，为顾客创造价值。根据合作理论，个体或组织之间的合作源自彼此对对方资源的需要，而且相关资源只有通过合作才可能获取并加以利用，企业和消费者在广泛的社会交换中都无法控制为创造价值所需的全部资源和条件，因此存在天然的相互依存关系。两者之间的相互依存关系是价值共创的基础。价值共创是价值创造主体通过服务交换和资源整合而共同创造价值的动态过程，也是一种为企业和顾客双方创造价值的动态过程。消费者和企业为了创造各自所需的价值而投入自己的资源，通过互动和合作来实现资源交换，在为自己创造价值的同时也为对方创造价值。

价值共创不是静态的，而是进行价值创造的各方主体基于服务交换和资源整合来共同创造价值的动态过程。消费者和企业为了获取各自需要的价值，将自己所掌握的资源投入系统中，在系统中通过互动与合作，为自己也为对方创造价值。在此共创过程中，企业和消费者作为价值创造的两个主体遵循两种不同的逻辑，即生产者逻辑和消费者逻辑。基于生产者逻辑的价值共创是企业以价值创造为出发点，在价值共创过程中与消费者进行互动，努力创造与消费者共创价值的机会，并根据企业战略和资源来安排、组织、管理和评估价值共创活动；而基于消费者逻辑的价值共创则是消费者以自身利益为出发点，利用企业提供的资源和其自身拥有的资源和技能，在价值共创活动中为自己创造价值，并对价值共创的投入—产出和价值共创过程进行评估（见图2.1）。

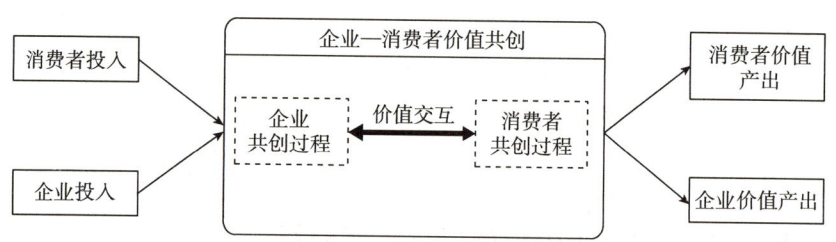

图2.1 价值共创概念

企业和消费者身为价值创造的两个核心主体，遵循着两条不同的路径进行价值的共同创造：对企业来说，其价值共创的过程是以价值创造为起点，以与消费者互动为途径，尽力创造更多与消费者一起共创价值的机会，同时按照企业的战略重点与资源来对价值共创价值活动进行规划、组织、管理和评价；对于消费者来说，价值共创过程则是将自身利益放在中心位置，主要目的是凭借自身所掌握的技能整合企业和自己所拥有的资源从而为自己创造价值，具体表现在：

1. 企业的价值共创过程

在此过程中，企业必须在价值共创过程中实现其自身的价值目标，将各种有形及无形资源纳入价值创造体系，通过将自身拥有的资源与消费者投入的资源进行整合，借助与消费者的不断互动与合作实现价值共创，最终达到提高企业经济效益、扩大品牌影响力、提升企业创新能力等共创价值的目的。

消费者在此过程中主要是通过互动为生产系统提供资源、表达自身需求。传统意义上由企业独自完成的开发、设计、生产、销售等价值创造的环节逐渐发生转变，企业开始引导消费者参与到这一系列的流程中，以便提高企业自身价值创造的能力。在整个价值共创系统中，消费者充当了反馈者的角色，向企业反馈需求相关的信息，企业整合这些操纵性资源后，将其中有用的信息应用到个性化产品或服务的开发以及生产等流程中，以此来提高产品或服务的质量，满足不同偏好消费者的需求，最终再传递给消费者，消费者通过实际消费、体验再提出反馈，这样在企业与消费者之间形成一个闭合的循环。

2. 消费者的价值共创过程

在此过程中，消费者作为资源整合者，消费者在价值共创系统投入了个人的精力、时间、信息、技能和知识等资源，将自己的资源与企业提供的产品或服务相关的资源进行充分的结合，并加以利用，满足特定情境下的需求，为自己创造使用价值和体验价值。

企业在价值共创系统中承担提供价值主张、与消费者持续互动、为价值共创提供支持的任务，其中包含提供基础设施等硬件以及组织结构、规章制度、文化氛围等软件。消费者在合作和互动过程中实现消费者价值产出，具体表现为：收获多种不同类型的体验、实现自身价值提升，以及随之产生的消费者满意度和消费者忠诚度。

而作为尝试将社会化应用和社交资源与电子商务结合的社会化电子商务，其本质是企业基于网络平台构架的电子服务，企业将相关资源通过网络平台提供给消费者，消费者进行整合应用形成自身的体验价值，其最终价值的产出是商家和消费者相互合作的价值共创的过程，因而，基于服务主导和体验价值的价值共创理论可以为其价值创造过程分析提供良好的支撑。

三、社会化电子商务模式价值共创的基础框架

（一）社会化电子商务模式价值共创分析的基础

1. 企业竞争优势相关理论

随着企业之间的竞争日益加剧，如何获得和保持竞争优势成为企业生

存发展的关键问题。同一行业，生产同类产品或者替代品的企业超过两家以上，就会形成企业竞争关系。通过角逐，参与竞争的企业就会获得相应的市场份额。而那些能收获到大部分市场份额的，往往是那些具备竞争优势的企业。企业竞争优势的大小决定了企业的生存与发展。只要竞争者在某些方面具有某种特质，它就具有某种竞争优势，它可以使组织在市场中得到的好处超过它的竞争对手。竞争优势与竞争力还有核心竞争能力是有显著的区别的。竞争力是一种综合能力。核心竞争能力是组织具备的应对变革与激烈的外部竞争，并且取决于竞争对手的能力的集合。竞争优势中又包含着竞争力与核心竞争能力。如果企业在哪一方面领先于其他企业一步，那么就可以说具有竞争优势。

围绕企业竞争优势来源等问题，若干学者展开了研究，形成了一系列观点（余光胜，2002）：

（1）竞争优势外生论。波特（1985）首次提出了"竞争优势"一词，他认为持续的竞争优势应该是一个组织竞争策略的中心目标和创造价值的手段。竞争优势应来自产业结构，在产业结构稳定的前提下，企业的竞争优势取决于企业在产业中的相对地位，而市场地位可以通过一定的策略手段如一体化、合谋和市场定位等得以实现。因此，竞争优势本质上是由外部市场中的竞争关系和市场机会所决定的。波特在其所著的《竞争策略》一书中，提出著名的五力竞争模型。该模型指出，在影响竞争态势的因素中：①新进入者在给行业带来新生产能力、新资源的同时，可能会与现有企业发生原材料与市场份额的竞争，最终导致行业中现有企业盈利水平的降低，这是"新进入者威胁"。②两个处于同行业或不同行业中的企业，可能会由于所生产的产品互为替代品，从而在它们之间产生相互竞争行为，这是"替代品威胁"。③大部分行业中的企业，相互之间的利益紧密联系，作为企业整体战略一部分的各企业竞争战略，其目标都在于使自己的企业获得相对于竞争对手的优势，所以，在实施中就必然会产生冲突与对抗现象，这就会形成"现有竞争者的竞争"。④与企业相关的供应方，主要通过其提高投入要素价格与降低单位价值质量的能力，来影响行业中现有企业的盈利能力与产品竞争力。供方力量的强弱形成"供应商讨价还价能力"。⑤购买者主要通过其压价与要求提供较高的产品或服务质量的能力,来影响行业中现有企业的盈利能力,这种影响能力的强弱形成"客户议价能力"。五种力共同作用形成最终行业的竞争状况。

在与五种竞争力量的抗争中,蕴含着三类成功型战略思想:①总成本领先战略。成本领先要求坚决地建立起高效规模的生产设施,在经验基础上全力以赴地降低成本,抓紧成本与管理费用的控制以及最大限度地减小研究开发、服务、推销、广告等方面的成本费用。②差异化战略。将产品或公司提供的服务差别化,树立起一些全产业范围中具有独特性的东西。实现差别化的方式可以包括设计名牌形象、技术上的独特、性能特点、顾客服务、商业网络及其他方面的独特性等。③专一化战略。战略整体是围绕为某一特殊目标服务这一中心建立的,它所开发推行的每一项职能化方针都要考虑这一中心思想。这一战略依靠的前提思想是:公司业务的专一化能够以高的效率、更好的效果为某一狭窄的战略对象服务,从而超过在较广阔范围内竞争的对手。

(2) 基于企业资源的内生论。Wernerfelt (1984) 提出资源基础理论,指出企业的竞争优势源自企业所拥有的资源,蒂斯、皮萨诺对其进行了丰富和完善。该理论指出,企业是由一系列资源束组成的集合,这些有价值的、稀缺的、难以完全模仿的、难以完全替代的资源在企业间不可流动且难以复制,是企业持久竞争优势的源泉。

资源论的基本思想是把企业看成是资源的集合体,将目标集中在资源的特性和战略要素市场上,并以此来解释企业的可持续优势和相互间的差异。由于各种不同的原因,企业拥有的资源各不相同,具有异质性,这种异质性决定了企业竞争力的差异。这也是拥有优势资源的企业能够获取经济租金的原因。各种资源具有多种用途,企业的经营决策就是指定各种资源的特定用途,作为竞争优势源泉的资源应当具备五个条件:①有价值;②稀缺;③不能完全被仿制;④其他资源无法替代;⑤以低于价值的价格为企业所取得。资源基础理论为企业的长远发展指明了方向,即培育、获取能给企业带来竞争优势的特殊资源。

（3）基于企业能力的内生论。Hamel 和 Prahalad（1990）在其经典论著《公司的核心竞争力》一书中指出，企业是一个能力体系或能力的集合，企业拥有的关键技能和隐性知识，是企业拥有的一种智力资本，是企业决策和创新的源泉，将最终决定企业的竞争优势。这种能力是企业对多方面的资源、技术和不同技能的有机组合，而不是单纯的企业资源。企业是一个能力体系或能力的集合。能力决定了企业的规模和边界，也决定了企业多元化战略和跨国经营战略等的广度和深度。核心能力来自组织内的集体学习，来自经验规范和价值观的传递，来自组织成员的相互交流和共同参与。现代市场竞争与其说是基于产品的竞争，不如说是基于核心能力的竞争。

提斯在此基础上，强调了企业能力的动态性，他指出，在全球市场上的胜利者是这样一类企业：具有有效协调、配置内外部资源的能力，并显示出及时、快速与灵活的产品创新能力的企业。其中，为企业整合、建立和再配置内外部资源以适应快速变化环境，与环境变化保持一致而更新企业的能力是竞争优势的源泉。凯瑟琳将能力划分为：整合资源的动态能力（如产品开发常规惯例、战略决策形成）、重新配置资源的动态能力（包括复制、转卖常规惯例，经理们用来复制、转变和重新组合资源的能力）及获取和让渡资源有关的动态能力（如知识创新常规惯例，从外部获取常规惯例），突出强调了动态性的作用。

另外，流程再造理论强调流程是利用和协调资源、能力和知识以实现经营目标的重要资产，是企业竞争优势的来源（邢以群、郑心怡，2003）；而交易成本理论认为竞争优势来自交易治理方式带来的成本节约（刘锡田，2006）等。这些也都是对企业竞争内生性的不同演绎。

总体而言，企业竞争优势相关理论的关注点一直随着市场环境发展和演变，先后涉及了外部环境、内部资源、企业能力、知识管理、创新应用、社会责任等，虽然对竞争优势来源形式认知存在差异，但是，大都认可企业竞争优势的最终形成和获取需要通过提高消费者顾客价值、提高或维持产品市场价格、降低产品成本等战略行动来实现的观点。Peteraf 和 Barney（2003）提出竞争优势的价值表现形式，指出企业的竞争优势最终表现为顾客和企业价值，其中顾客占主导地位。企业只有首先实现了顾客价值，才能立足发展，进而实现企业自身价值目标。因此，顾客价值作为企业竞争优势的具体体现，在企业竞争优势理论中处于关键地位。

2. 顾客价值理论与社会化电子商务的价值共创

竞争优势理论得到学术界和企业界的广泛认同后，人们开始为寻求可持续竞争优势进行了积极的尝试与探索。学者们从价值链管理、质量管理、组织与过程再造、企业文化、裁员等多方面来阐述企业应当如何建立竞争优势，但是这些努力的根本都在于组织内部的改进，而如果这些努力不能以市场为导向，其产品和服务不能被顾客所认同，也就无法建立起企业真正的竞争优势。因此在企业内部改进探索的基础上，研究者开始转向企业外部的市场，即从顾客角度出发来寻求竞争优势。顾客价值理论开始受到广泛关注。

顾客价值理论是现代营销的基础理论之一，该理论认为市场营销的核心在于帮助交换各方感知产品或服务的价值。它将整个营销过程看成是一个价值感测、价值创造和价值传递的过程。其中价值感测过程目的是发现新价值机会；价值创造过程则研究如何有效地形成和塑造更多有前景、有新价值的市场供应品；价值传递过程涉及如何运用企业或营销组织资源基础和能力更有效地将价值传递给最终顾客。顾客感知价值的核心是顾客所获得的感知利益与因获得和享用该产品或服务而付出的感知代价之间的权衡，即利得与利失之间的权衡。

顾客价值理论重点关注顾客价值的创造和价值传递的过程，Zaithaml（1988）从顾客角度提出了顾客感知价值，指出感知价值是顾客所能感知的利得与其在获取产品或服务中所付出的成本进行权衡后对产品或服务效用的整体评价。Woodruff（1997）则提出，顾客价值是顾客对特定使用情景下有助于（有碍于）实现自己目标的产品属性以及这些属性的使用结果所感知的偏好与评价。这些都强调了顾客价值来自顾客通过参与、学习和使用所得到的感知、偏好和评价,并将价值与产品属性、使用情景等联系在一起(刘研、仇向洋,2005)。

在顾客价值的形成过程方面,企业多会关注交换价值,交换价值越大,其竞争优势越大。然而,发生市场交换是交换价值存在的基础,而交换的前提是企业为顾客提供的产品能够满足顾客需要,因而顾客对产品的体验和感知效果就成为决定本过程的关键。Prahalad 和 Ramaswamy(2000)提出价值共创的思想强调了消费者体验的重要性,Vargo(2008)和 Gronroos(2009)更是指出企业提供价值主张,消费者将其作为生产资源投入消费过程,通过企业与消费者的互动,由企业和消费者共同创造价值的观点,这为顾客价值理论相关研究提供了新的分析思路。

虽然社会化电子商务尝试整合电子商务和社交应用,但从第一章分析可以看出,当前的应用状况并不乐观。遇冷的主要原因是对社会化电子商务模式价值共创的认识不够深入,过度关注企业经济效益影响了用户体验。社会化电子商务运作应该是用户体验不断提升和企业效益明显增长共同形成的良性动态循环。社会化媒体和社交资源在满足消费者社交需求的同时,产生了强大的网络用户流量和丰富的用户生成内容。不论是基于社交的商务导流还是基于商务的社会化嵌入都是利用社会化媒体和社交资源的产出,对消费者行为进行有效引导,提升消费者的商业决策过程,从而获得更多的经济效益。

这种良性共同循环的前提是必须满足各个参与方的价值需求。虽然企业在应用中意识到社会化媒体、社交网络和用户生成内容的重要价值,但在价值驱动下,简单通过主观的成本—收益分析,最大化社会交换的付出和回报的比率,导致落脚点更多的是基于企业逐利的目的,考虑如何更快更好地转化为经济效益导致对价值共创过程中参与方的地位与相互关系,以及整个模式可持续发展的基本保障把握不清晰。突出表现在从社交到商务拓展的路径中,过分追求商务化和规模效应,导致社交分享与商务营销混杂,大大影响了用户体验;从商务到社交的引入中,对用户隐私保护、安全保障方面仍存在问题,影响了用户的接受过程。这种对利益的追逐,忽视了用户体验行为，导致当前很多社会化电子商务模式应用出现较多的问题。

因此，必须有效梳理整个社会化电子商务模式的核心价值，厘清本模式价值创造的核心要素和各参与方的价值追求，通过协调双方利益，实现各自的价值增值，从而驱动参与方积极参与到模式运作中，以保障本模式的成功应用。

社会化电子商务作为电子商务的延伸，其本质是企业基于网络平台构架的电子服务平台（Kim，2013；Shi & Chow，2015；Chen et al.，2016），企业将相关资源通过网络平台提供给消费者，消费者进行整合应用形成自身的体验价值从而驱动模式的运作，其最终价值的产出是企业和消费者相互合作的价值共创过程。基于服务主导和体验价值的价值共创理论可以为社会化电子商务模式价值创造过程的分析提供良好支撑（Prahalacl & Ramaswamy，2004；Vargo & Lusch，2004）。

（二）社会化电子商务模式价值共创的参与主体和目标

1. 社会化电子商务模式的参与主体

任何商业模式的价值创造都是各个参与主体的资源投入和产出的过程（Afush，2004；Zoot & Amit，2009），价值共创理论指出，各参与方通过资源交互共同创造价值，参与方之间的互动是价值创造的基础。社会化电子商务模式尝试将社交媒体和社会化资源融入消费者的商务过程中，基于网络的社交服务、商务服务和其他辅助功能，都需要平台企业或其他第三方企业提供，消费者、平台企业和其他利益相关者构成了社会化电子商务模式的主要参与者。Vargo（2008）认为，这三者都是资源整合者，正是资源整合者之间的互动共同创造了价值，消费者与企业之间以及消费者与消费者之间都可以发生互动，但是共创价值主要是消费者和企业之间的互动所产生的，是企业价值和消费者价值的主要创造渠道。因此，本书将社会化电子商务价值共创过程的分析主要聚焦在企业和消费者两个主要参与主体上，消费者之间、平台企业与第三方利益相关者之间的互动与价值创造过程暂不做讨论。

2. 社会化电子商务模式价值共创的价值目标

满足各参与方的价值追求是驱动商务模式运作的基础（Zott & Amit, 2009），不同的领域对价值具有不同的理解和界定，经济学领域的劳动价值论和效用价值论就各有侧重。其中，劳动价值论强调商品作为使用价值与价值的集合体具有双重属性。商品的使用价值体现了其自然属性，商品的价值则代表了无差别的人类劳动。商品的价值是交换的基础，价格是交换价值的表现形式；效用价值论强调价值具有主观性，这种主观价值来源于消费者效用的判断，稀缺性和有用性是主观价值形成的两个重要条件，主观价值决定客观的交换过程。

从消费者主导的价值共创理论看，消费者体验价值是企业生产、营销活动的导向，体验价值主要指人们在使用产品或服务时所产生的主观效用（Vargo & Lusch, 2004），是效用价值论的主要概念，企业逐利的本性决定了它作为价值共创的参与者，所追求的更多体现为商业利润和经营绩效的交换价值，两参与者的价值追求存在显著不同。因此，在社会化电子商务模式的价值共创过程中：

（1）对于消费者而言，社会化电子商务的优势在于依据情境性、互动性和个性化等特征，使每个用户同时成为信息的接受者和传播者，商务信息因依附于社会关系而变得更有价值，丰富了单纯的商务交易形式，每个人都可以从别人的商务过程中获取安全感、认同感和满足感，节省了心理和时间成本，从而增强综合的体验价值。

（2）对于企业而言，基于用户生成内容和关系资源的信息与商务交易信息的融合将被各参与主体所共享，从而为企业提供更广阔的消费者引导、行为分析、精确营销等多方增值空间，这成为驱动卖方参与的主要因素。

（三）社会化电子商务模式价值共创的核心要素

在商务模式的构成要素方面，当前研究差异较大，但在探讨中均强调

第二章 社会化电子商务模式价值共创的机理研究

了商务模式要素的价值属性,Morris 等进行了总结,指出在多种不同要素内容构成中,价值主张、价值创造、顾客关系、目标市场出现的频率较多。

从价值创造视角出发的商务模式构成要素分析中,比较有代表性的是 Johnson 和 Christensen 在《哈佛商业评论》提出的四要素模型,他们认为四个相互关联的要素构成了商务模式,这四个要素分别为核心价值主张、盈利方式、关键流程和关键资源,其中,核心价值主张从目标客户、所承担的任务等方面来阐释企业能够辅助消费者完成的任务,具体表现模式为客户创造的核心价值内容和主要实现方式。盈利方式包含资金的成本结构、利润实现模式、收益获取模式和资源利用方式等,主要用来表述企业如何实现自身的价值目标。关键资源包括人员、技术、产品、品牌、渠道、信息、服务、合作伙伴和联盟及各种资源之间的互动等,企业依靠各种关键性资源向其目标细分市场传递企业的价值主张,同时也是企业在创造价值流程中的主要依据。关键流程是企业进行运营和管理的重要元素,包括产品的开发、设计、资源筹备、生产制造、营销方案制订、员工的雇佣和培训等环节。除此之外,还有规章制度、行为规范以及各种绩效指标等,是企业如何利用关键资源过程,也是确保企业能够持续经营相关业务的关键,更是企业做好管理工作提高销售收入的必备要素。

Johnson-Christensen 四要素模型突出强调了商务模式的价值观,较为简明地勾勒出商务模式的应用框架。其核心价值主张是商务模式的首要因素和起始点,企业通过关键资源和关键流程两个方面为客户提供价值,实现消费者价值主张的同时追求盈利。四要素的协调、互补和互动保障商务模式的健康运行,我们以此为基础,分析社会化电子商务模式完成价值共创的核心要素如下:

1. 社会化电子商务模式的核心价值主张

价值主张主要是阐述商务模式可以为消费者创造价值的方式。社会化电子商务是对传统电子商务模式的延伸拓展,除具备电子商务运作中的价值主张外,在情境、互动交流和定制等方面存在显著不同(Stephen & Tousia，2010；Liu et al.，2016；Zhang et al.，2016）。社会化媒体的兴起推动了企业创新商务模式运作实践，挖掘虚拟社会资源中的群体资源、关系资源和智力资源与电子商务模式相结合进行价值创造，是社会化电子商务模式的核心所在。它突破了传统电子商务信息资源的企业主导，价值创造的基础是用户信息资源的多样性特征。通过将社会化资源和应用平台有效嵌入消费者的在线商务过程，将社交应用价值与商务应用价值有效整合，不仅实现了资源聚集带来高效率交易的实用性，而且突出了用户既是信息消费者又是创造者的个性化思路，为其增添了社会性、娱乐性等多种体验价值。

因此，社会化电子商务模式的核心价值主张可以表述为：通过将社会化媒体资源与在线商务过程有效整合，优化消费者的在线决策过程，在提供高效率企业服务的同时，也为用户带来更多的实用性和体验性价值。

2. 社会化电子商务模式的关键资源

Bubel（2015）指出，电子商务作为对传统产业和商务方式的改造和升级的新商务模式，在高效率、低成本、全时服务方面具有明显的优势。Amit 和 Zott（2001）指出，电子商务模式利用互联网使交易更加透明和开放，减少了中间环节，提高效率、降低交易成本，通过提供多种互补型的产品或服务，"一站式"实现消费者购物需求，最终实现消费者的锁定。一站式在线商务平台是电子商务模式运作的关键资源，作为电子商务模式的衍生方式，社会化电子商务进一步将社会化媒体资源与在线商务结合，因此，其关键资源主要包括：

（1）社会化媒体资源：包括基于社交关系形成的社交资源、基于兴趣导向群组资源和它们所产生用户生成内容等，同时还包括将社会化资源进行有效聚集、分享的应用媒体或平台。例如，企业自建的品牌社区如小米社区、第三方平台的自发群体、QQ 群、微信群，第三方平台的企业级应用如微信公众号、官方微博等，合作运营的导购社区如美丽说、蘑菇街等。

（2）电子商务平台：提供包括信息发布、展示、检索、购物选择、个

第二章 社会化电子商务模式价值共创的机理研究

性化推荐、付款、售后服务全流程的网络平台。

（3）其他保障企业电子商务运作的人力、物力资源。

3. 社会化电子商务模式的关键流程

传统消费者行为模式 AIDMA 模型认为，消费者从接触商品信息到最终达成购买，会经历关注→兴趣→需求→记忆→行为的过程。当前社会化媒体的快速发展，信息更多地以社会化平台为中心聚合，并以互动、讨论的形式网状扩散，消费者的行为模式也随之发生了较大的变化。在产品或服务引起关注并转化为兴趣或需求后，消费者会自主对其进行信息搜索，通过了解信息后做出参与或者购买的行为，并会将消费体验分享出来完成整个过程，形成关注→兴趣→搜索→购买→分享的 AISAS 模式。社会化电子商务作为电子商务衍生阶段，商务流程属于基于网络平台的在线信息行为，Wilson 提出的信息行为一般性模型，从信息需求开始到信息需求结束形成一个闭环，能够较好地反映不同情境下主体的行为和主要信息流程，因此，本书以此为基础，结合社会化媒体影响下消费者 AISAS 模式的变化，描述社会化电子商务模式运作的关键节点和流程（见图 2.2）。

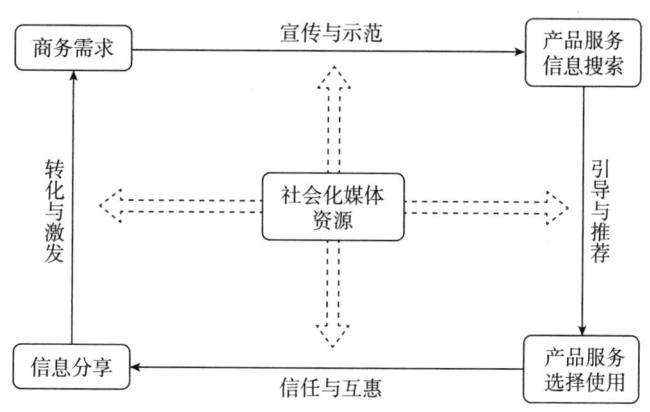

图 2.2 基于一般信息行为的社会化电子商务模式关键流程

（1）由信息分享到商业需求。社会化媒体资源将不同消费者分享、点评和展示的文字、图片等实时展示给关系网络的成员，会激发其他消费者的关注和兴趣，进而转化为消费者的商业需求。

（2）由商业需求到产品服务搜索。为满足自身的商务需求，消费者会主动收集和参考各类渠道的相关信息，完善自身认知，成为下一步行为的基础，不同信息源的支撑与驱动作用不同，此时，需要通过社会化媒体中示范性影响和社会关系的关注性连接，做好企业品牌、产品服务的营销和宣传作用，引导消费者关注企业的商务平台，正式进入企业商务平台的商务流程中。

（3）从产品服务搜索到产品选择。怎样搜寻信息是用户信息行为中重要的一环，消费者会随着结果的反馈，不断调整检索策略以找到符合自己的信息。在此过程中，基于社会化媒体资源的信任关系推荐、基于兴趣喜好追随的意见领袖等都可以起到很好的示范效应。这些内容与原有商务流程中基于产品关联性和消费者偏好管理的商业记录相结合，完善商务的个性化推荐，将起到更好地引导消费者搜索行为的效果。

（4）从产品选择到信息分享。消费者完成购物过程后，社会化媒体平台通过示范和社会关系关注等方式，引导消费者提供对产品和服务的评价与总结。只有当用户对其他人的意见或建议存在感激，并乐于分享自己的真实体验时，这种信任和互惠才能有效传递，整个社会化电子商务的流程才能形成一个良性的循环。

在整个流程中，基于社会化资源转化和激发商务需求，借助社会化媒体宣传和示范引导商品检索、通过关系和兴趣推荐实现产品选择、借助社会化平台的信任与互惠实现信息分享，成为保障整个社会化模式流程完成的关键节点。最终形成引导示范→商务推荐→互惠分享的社会化资源与商务流程的整合。

另外，社会化电子商务方式中基于商务平台和基于社交资源的应用模式在流程和关注点上存在区别，其中：

（1）基于电子商务平台延伸的社会化电子商务模式，是在已有的电子商务平台基础上进行的社会化资源嵌入，整个模式流程起始于消费者已有的商业需求，核心是围绕现有的商务过程的优化展开，重点借助社会化媒体资源中用户生成内容,引导消费者搜索和选择过程,提高消费者体验,并通过促进消费者消费后的评价与分享,增加其认同感的同时,增强口碑宣传,特别强调社会化资源在商务过程的中期和后期的作用。

(2) 基于社交网络资源拓展的社会化电子商务模式,主要强调以现有的社交化平台为基础进行的商务应用拓展,整个流程起始于消费者在社交平台交互、分享实现其社交的需求,以此为起点,借助社会化资源聚合和传播方面的优势,进行有效的商务导入,激发消费者的商务需求,并通过社交资源与商务过程的整合,鼓励消费者将消费体验和评价发布到社会化平台上增强消费者的应用体验,提高社交平台的用户黏性,其核心集中在社会化资源带来的流量效应的变现,特别强调社会化资源商务过程中的前期和后期的作用。

4. 社会化电子商务模式的盈利方式

企业借助关键资源,通过关键流程将构建的价值主张传递给用户,最终目的是实现企业资源价值变现并获得盈利,这是企业参与的根本驱动力,也是评判一个商务模式的最终标准。社会化电子商务模式尝试将社会化资源与电子商务平台结合,核心是挖掘社会化资源的聚合和示范效应,优化电子商务流程以实现价值增值,主要盈利点包括:

(1) 电子商务业务增长带来的销量增加。社会化媒体平台可以聚集大量的用户,这些用户很多是具有消费能力和消费意向的消费群体,他们的有效引导和转换可以大大增加电子商务平台的访问量,提高购买的概率,实现销售业务的增加。社交关系中的评论与推荐会大大提高消费者的购物效率,减少购物决策的时间,提升购物体验。因此,企业可以一方面通过促使用户形成好的口碑宣传,吸引更多的潜在客户;另一方面通过高效的流程增强用户对企业的满意度和忠诚度,形成持续性购买行为,从而为企业带来长期的收益。

(2) 社会化媒体资源带来的流量变现。社会化媒体资源的有效利用为企业带来大量的访问流量,高访问量可以带来很多盈利变现。广告一直是流量变现的重要手段和盈利方式,而且基于社交关系或兴趣爱好聚集的用户群体特征比较明显，有利于进行较精确的广告投放。高访问量和业务量的提升也会吸引其他企业参与到商务过程中，企业还可以为他们提供商铺宣传、交易和推广等有偿服务。例如，第三方商铺入驻、第三方应用插件推广等，从这些拓展的业务中抽取佣金提成，将是盈利的重要来源。

对应的成本方面：①电子商务平台的运营成本，主要包括电商平台投入运营和维护的软、硬件成本、相应工作人员报酬等。②社会化媒体资源的获取和维系成本，包括自建虚拟社区的投入和运营成本、第三方社会化媒体平台的应用成本、相应的维护费用等。③其他运营与管理成本等。

综合上述各项表述，我们可以勾勒出社会化电子商务模式价值创造的基本框架图，如图2.3所示。

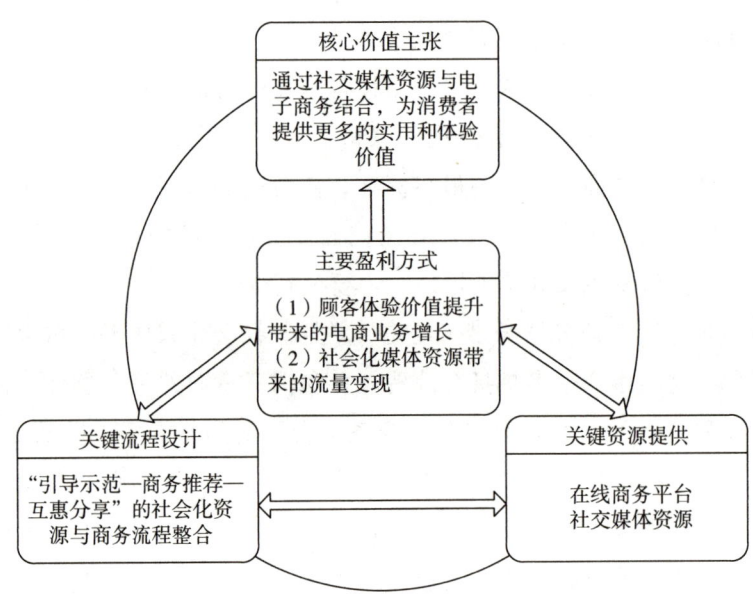

图2.3　社会化电子商务模式价值共创核心要素框架

从图2.3可以看到，消费者的社交资源是社会化电子商务关注的关键资源，关键资源的有效获取和针对关键资源的流程设计是实现商务模式盈利的基础,盈利的驱动会促使企业为消费者提供更好的服务和体验价值,进而实现该模式的核心价值主张,消费者体验的提升则进一步丰富企业关键的社交资源,四要素协调互动保障该模式的健康运行。因此,社会化电子商务模式应该是企业在原有优势资源的基础上,通过围绕消费者应用全过程的关键流程设计,实现商务资源和社交资源的有效整合,充分挖掘社交资源的商务价值,在优化电子商务应用的基础上带来新的盈利点,进而更好地满足消费者需要从而形成良性循环的动态过程。

四、社会化电子商务模式价值共创的过程分析

社会化电子商务模式的基本框架阐明了该模式的价值目标、实现方式和关键资源,为该模式分析与应用提供了基本依据。下一步需要遵循消费者主导的价值共创思想,剖析社会化电子商务模式的价值形成过程,厘清各参与方在该模式价值共创中的相互关系,探讨各参与主体价值目标的追求过程和相互协作关系,总结共创价值的形成机理,找出影响该模式应用的关键要点,为进一步研究奠定基础。

(一)价值共创思想对社会化电子商务模式的影响

价值共创是一种以个体为中心的新的价值创造方法,由消费者与企业共同创造价值的理论。传统的价值创造观点认为,价值是由企业创造,通过交换传递给大众消费者,消费者不是价值的创造者,而是价值的使用者或消费者。随着环境的变化,消费者的角色发生了很大转变,消费者不再是消极的购买者,已经转变为积极的参与者。消费者积极参与企业的研发、设计和生产,以及在消费领域贡献自己的知识技能,以创造更好的消费体验,这些都说明价值不仅来自生产者,而且建立在消费者参与的基础

上,即来自消费者与企业或其他相关利益者的共同创造,且价值最终是由消费者来决定的。基于价值共创理论的社会化电子模式主要有以下变化:

1. 价值共创倡导的消费者主导逻辑,促使社会化电子商务模式的价值关注重心转移

(1) 全过程的消费者主导改变了原有的产品主导的思路,价值创造关注点从交换价值到体验价值的转换。消费者的社会化媒体资源的重要性一直备受关注(Zott & Amitt,2009;魏炜等,2012),但多数应用的主要出发点仍是将其作为关系资源投入企业价值创造的过程中,关注的核心仍是企业主导的商业价值产出过程,而价值共创思想彻底改变了这一思路,它强调整个经营管理活动最终目的是为消费者提供服务,而消费者对服务的体验价值是决定企业运作的核心(Saarijärui et al.,2013;Paredes et al.,2014),只有消费者感知价值的增值才能驱动企业获得更高的商业价值,进而驱动整个商务模式的价值共创。

(2) 消费者和企业追逐的价值存在差异,消费者关注整个产品和服务体验价值的高低,而企业关注商务模式带来的经济利益多少。价值共创思想指出,在整个商务过程中,消费者为主导,消费者对企业所提供的产品服务的感知价值大小决定了其后续行为(Lan et al.,2017;Merz et al.,2018),进而成为驱动企业商业价值实现的重要前提,消费者体验价值得不到保障必然影响企业商业价值的获取。

2. 价值共创强调的价值增值思想,是驱动社会化电子商务模式运作的保障

从价值共创机理看,在社会化电子商务模式应用中,存在消费者和商家两个相对独立而又交叉的应用过程,且各自存在价值的投入和产出过程,两者的互动与资源交互贯穿各自主导的价值追逐中,相互依存,共同促进,从而实现价值的共同创造。其中:

(1) 商家价值流程:商家的商务流程运作中加入消费者的引导、参与、评价与分享,从而形成更加良性的循环,实现超出一般电子商务模式的价值增值。通过有效的引导,提高了购物效率,增加了口碑宣传,进而

带来了更多的转化率，社交聚合的流量优势带来更多的变现机会，这些都离不开消费者的全程参与和投入。

（2）消费者价值流程：消费者因为商家平台的设计支持和资源聚合实现高效的购物体验，克服了信息过载带来的影响，并获得因为社交资源参与和分享所带来的成功感和娱乐性、认同感等多维感知价值的增值，实现了超出一般社交应用或电商平台的情境体验，这些都需要企业前期价值主张引导和全程服务支持。

因而，企业因为客户的参与和合作获得了额外的盈利，客户因为商家整合性的应用获得了更好的体验价值。双方价值产出都大于独立流程上的产出，实现了价值增值和共同创造，而且这种增值是需要自始至终的双方参与和资源交互才能实现，从而体现了双方参与的价值共创对社会化电子商务模式的驱动作用。

3. 价值共创为社会化电子商务价值分析提供了全过程视角

在顾客体验视角下的价值共创过程中，消费者参与企业价值创造各环节，企业提供体验环境，企业和消费者通互动共创个性化体验（Prahaled & Ramaswamy，2004）；而服务主导逻辑将产品和服务统一，强调服务是交换的根本基础，认为企业负责提出价值主张，价值创造是消费者在体验中通过服务交换和资源整合来实现（Vaugo & Lusch，2004）。体验视角强调消费者与企业全过程的互动实现价值创造，而服务主导逻辑强调消费者对企业提供资源的整合利用过程产生价值。两种研究逻辑的出发角度和侧重点不同，但都对企业和消费者在价值共创中的角色进行了定位，并从企业提出价值主张→交互产生体验价值→消费者整合应用思路勾勒出价值共创的过程框架（见图2.4），这都为社会化电子商务情境下价值共创过程分析提供了基本的研究模板。

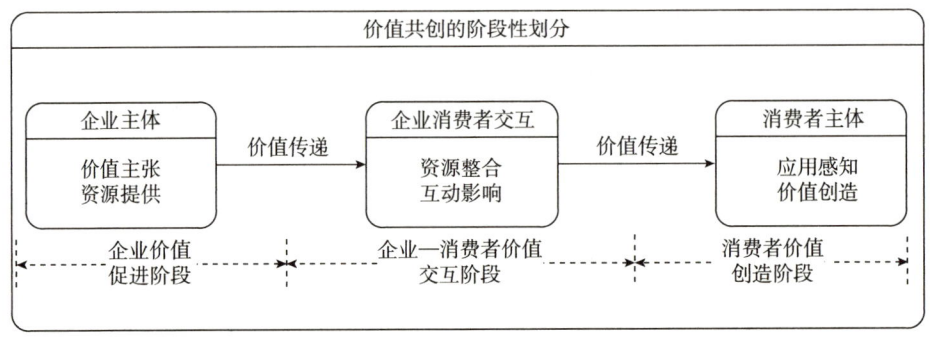

图 2.4 基于体验视角和服务主导的价值共创阶段

（二）社会化电子商务模式的价值共创过程

权变理论指出，不同的情境下的价值感知和创造具有较大的差别，需要具体针对性分析。权变理论是西方组织管理学中以具体情况及具体对策的应变思想为基础而形成的一种管理理论，是一种管理取决于所处环境状况的理论。权变的意思就是权宜应变。权变理论认为，每个组织的内在要素和外在环境条件都各不相同，因而在管理活动中不存在适用于任何情景的原则和方法，即在管理实践中要根据组织所处的环境和内部条件的发展变化随机应变，没有什么一成不变的、普遍适用的管理方法。成功管理的关键在于对组织内外状况的充分了解和有效的应变策略。权变理论指出，组织是一个开放系统，应当进行"有机"管理，以便满足和平衡内部需要并适应环境状况；在不确定和动荡的环境中运营的组织需要有更高程度的内部差异性，同时组织需要适当整合，将这些差异部门维系起来。权变理论的核心是使组织适应环境，即当环境复杂、市场进一步细分，企业需要专业的团队深入触及新的业务领域，以掌握市场动态、发现需求、开发提供新的合适的服务。因此，必须根据企业组织在社会大系统中的处境和作用，采取相应的组织管理措施，从而保持对环境的最佳适应，根据组织的近远期目标以及当时的条件，采取依势而行的管理方式。

根据 Barrutia（2016）关于电子商务环境下价值共创过程的分析，社会化电子商务属于典型的网络服务类应用，它提供的企业和用户交流的渠道为整个运作体系的价值共创提供了入口。Cheung（2016）也建立了一个过程模型来描述企业与消费者在社会化电子商务环境下的价值共创过程。综合两者描述可以看到，在社会化电子商务模式运作中，企业通过社交和商务网络平台提供综合服务，消费者与平台间的资源交互既是整个服务提供的主要方式，也是价值共创的触发点，贯穿整个应用流程中。因此，价值共创提供的企业提出价值主张→交互产生体验价值→消费者整合应用过程框架就演变成在企业—消费者全过程交互基础上，共同参与、共同创造的价值过程。

从流程上看，企业首先通过关键资源和关键流程的创新性拓展提供核心价值主张，消费者通过网络平台参与此过程中，在原有的社交需求或商务需求的基础上，形成新流程的价值感知（Cossío-Silva et al.，2013）；其次，作为价值共创的主导者，消费者对社交和商务整合的商务模式进行整体判断（Cossío-Silva et al.，2016），最终在企业提供情境支持下持续使用，在满足商务需求的同时进行口碑分享，形成体验价值的增值，完成价值共创的过程。

在整个过程中，消费者因为企业提供的情境支撑，获得更好的体验价值；企业因为消费者的参与和肯定，实现商业价值增值。两者全过程资源交互共同合作，完成最终的价值共创，促进整个模式良性循环（见图2.5）。

（1）企业的价值共创过程：企业提出价值主张→消费者参与形成初始体验→企业持续提供情境支持→消费者整合资源（体验价值增值）→企业引流变现（实现商业价值增值）。

（2）消费者的价值共创过程：基于初始应用形成初始价值→参与拓展应用形成拓展价值→接受整合应用模式形成整体价值感知→持续使用形成体验价值增值→进行体验分享和口碑宣传，引导更多消费者参与形成良性循环。

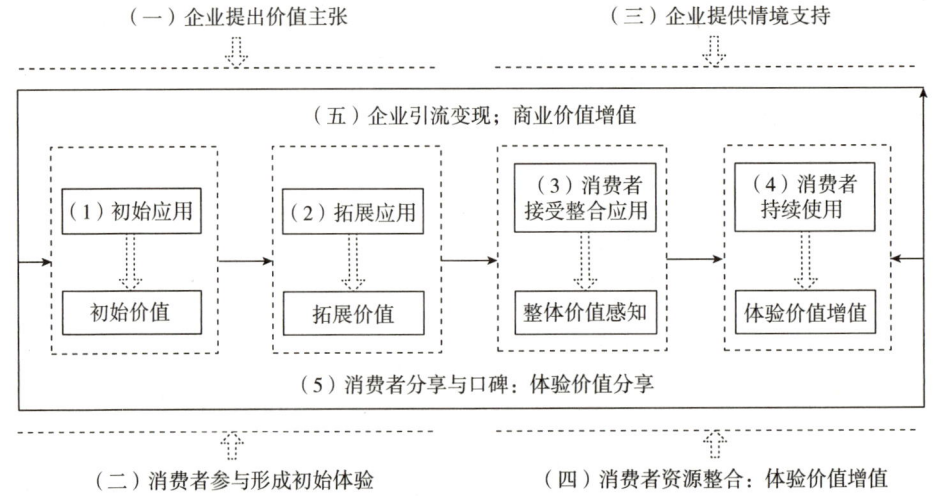

图 2.5　消费者主导的社会化电子商务模式价值共创流程

两类参与者在整个价值共创过程中的作用存在差异，其中：

(1) 企业提出价值主张并提供情境支持。在商务或者社交平台基础上，企业通过功能扩展等途径，开发出新的社交或商务应用，并通过宣传引导消费者参与，围绕消费者体验，设计构建整合应用的软硬件环境，提出社会化电子商务模式的价值主张，在与消费者交互中提供资源和功能支持，为该模式顺利运作提供保障。

(2) 消费者主导价值感知并实现体验价值增值。消费者是整个社会化电子商务模式价值创造的主导者，通过与企业交互，针对企业提出的价值主张形成体验价值，并逐步接受企业基于社会化资源的产品和服务提供形式，认可使用社会化电子商务模式的运作流程并积极参与流程中，形成该模式的持续使用，在实现自身体验价值增值的同时，进行经验分享和口碑宣传，促进模式形成良性循环，帮助企业实现商业价值增值。

(3) 全过程的消费者与企业资源交互实现价值共创。网络平台为社会化电子商务模式中企业和消费者交互提供了统一界面，自始至终贯彻于价值共创的全过程。企业通过网络平台对消费者参与社交或商务应用全过程进行辅助与引导，提出价值主张；消费者对企业提供的商务信息和社会化资源信息进行甄别，综合形成整合的感知价值认知，并通过网络平台进行反馈；企业根据消费者需求完善平台和资源支撑，塑造良好的应用情境，最终实现消费者持续使用，完成模式的价值共创。其中，消费者和企业的互动和交易、沟通等内容，通过网络平台自始至终贯穿在两者各自价值创造过程中，消费者体验价值的增值离不开企业的引导和情境支持，企业商业价值的增长离不开消费者的参与和肯定，两者共同协作才能达到用户体验价值和社会化电子商务经济价值的共同创造和提升，进而凸显出社会化电子商务模式价值共创的轨迹。

五、社会化电子商务模式价值共创的关键环节

Cossíosilva（2013，2016）分析了价值共创产生并传递的作用路径，研究指出系统化的价值加工和增值过程是保障共创效果的关键。Hajli（2017）建立了一个电子商务平台下价值共创的循环，指出参与方的价值交互式保障其成功的重要条件。而通过前文的分析可以看到，社会化电子商务模式的价值共创是由各方参与主体基于网络平台构建的共创系统（结构如图2.6所示）。企业和消费者作为主要的参与主体，遵循各自的投入产出逻辑进入共创系统中：①企业以追求更高的商业价值为出发点，投入商务模式运营的软、硬件平台资源，提出社交与商务结合的价值主张，吸引消费者参与，并提供全过程的资源与情境支撑，从而获得更多的财务绩效、品牌价值等商业利益。②消费者从自身利益和需求出发，投入自身的时间、兴趣和操作类技能等，参与企业提供的社交与商务结合的应用情境中，对引导→推荐→选择→分享的整体流程进行使用，形成整体价值感知，最终进行综合判断，获得个性化的体验价值等产出。

社会化电子商务模式价值共创问题研究

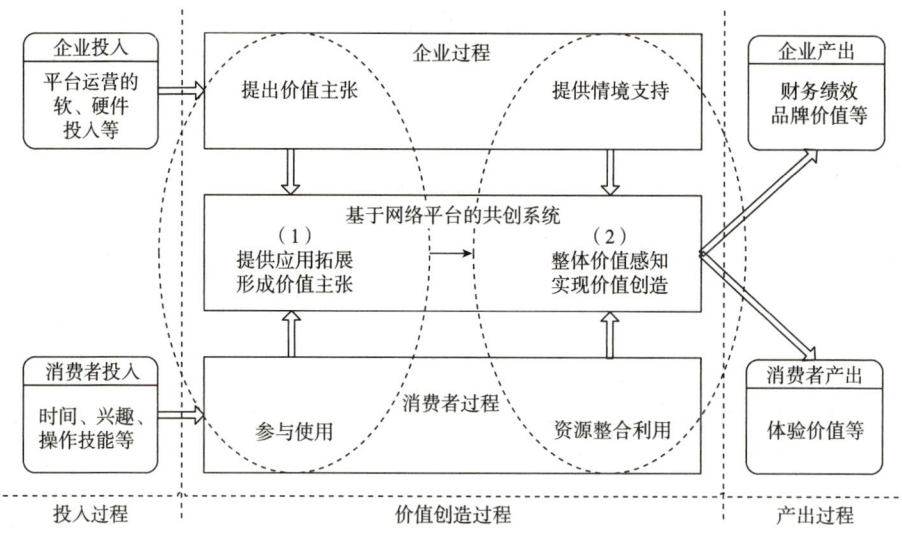

图 2.6 基于网络平台的社会化电子商务价值共创系统

整个系统最终价值产出是企业和消费者通过服务交换和资源整合而共同创造的结果，因此，企业价值主张提出离不开消费者的参与使用，消费者资源整合利用离不开企业情境资源的支撑，两个参与方在为自己创造价值的同时也为对方创造了价值，从而形成企业、消费者全过程交互和协作的动态过程，这是保障整个系统运作的关键，具体分析，可以看到：

（一）确立消费者的核心地位是实现价值共创过程的前提

保障各参与者的利益追求是驱动商务模式健康发展的基础，在价值共创过程中，企业是社会化电子商务模式的发起者和维护者，而消费者是社会化电子商务模式价值增值关键。消费者根据企业所提出的价值主张，把自身访问和使用的信息、使用经验、技能以及社交影响等其他可操作性资源投入共创体系中，与企业进行资源交换和互动，只有获取了适合自身的产品和服务，节省了购物时间以及在体验过程中获得享乐价值、社会价值等价值产出，实现自身价值的增值，才会促使其持续使用该模式，并进行口碑宣传和社交分享，为新一轮过程奠定基础。而企业需要投入软、硬件等基础设施、负责设计和搭建与消费者交互的平台环境、提供相应功能并

第二章 社会化电子商务模式价值共创的机理研究

负责平台的管理运作，尝试将社交资源和商务需求进行更好的结合和价值挖掘，整个过程只有得到消费者的全程支持后才能形成良性循环，进而得到企业在经营绩效、品牌价值、流量变现、消费者忠诚度等更多的企业价值产出，实现商业价值增值，因而树立消费者核心的地位并满足其体验价值增值是驱动整个模式发展应用的基本前提。

（二）企业尝试提供的社交与商务应用的整合过程是保障共创价值的基础

消费者的核心地位决定了在社会化电子商务模式的整个运作过程中，增强消费者的体验将是企业必须考虑的关键因素，如何营造创新性互动环境，从而为消费者提供独特体验的产品或服务就成为企业的首要任务。因而，在形成共创价值的投入产出过程中，首要环节就是企业通过软硬件资源投入，尝试在原有应用的基础上进行拓展，为消费者提供社交需求与商务需求结合的综合服务，以此增强用户体验，形成该模式的核心价值主张，而社交应用与商务应用是否能够有效整合就成为形成后续价值的基础。这两种应用的结合既是引导消费者从初始应用到新应用中的功能扩展过程，也是消费者信任的有效转移过程（过程描述如图 2.7 所示），需要充分考虑整合过程中路径选择和需求差异，进行针对性引导才能保障社会化电子商务模式价值共创过程顺利进行。

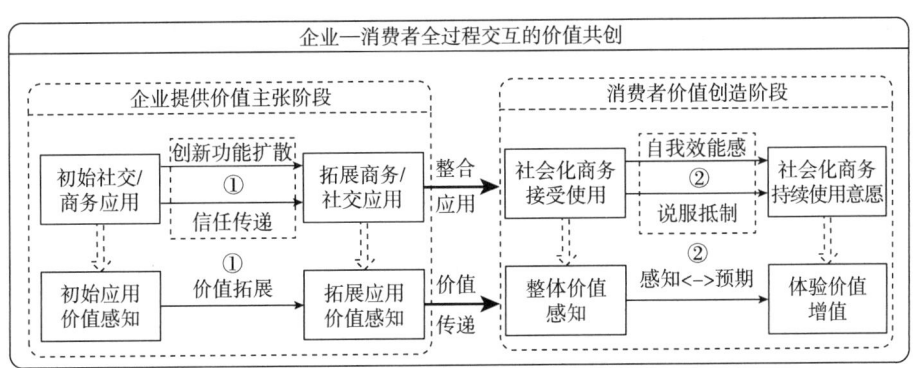

图 2.7 社会化电子商务模式价值共创的关键环节示意图

(三) 消费者从整体价值认知到最后持续使用是实现价值共创效果的关键

在企业提供价值主张实现消费者需求引导后，消费者利用企业提供的情境支持，通过整合利用各方资源形成对该模式整体的价值感知，在此基础上，经过进一步的感知与预期的平衡，最终形成持续性使用形成体验价值增值，进而完成整个模式的价值共创过程的第二个环节。其中从整体价值认知到持续使用的中间过程是体现消费者个体的差异化认知过程（过程描述如图2.7所示），消费者自身认知能力、企业提供情境支持状况都会对最终的结果产生较大影响，因此需要细致分析此转化过程，才能保证社会化电子商务模式共创价值效果的实现。

(四) 实现基于网络平台的全过程交互是保障本模式价值共创的必要途径

交互是形成共创价值的基础。在社会化电子商务的价值共创过程中，从初始的应用引导到消费者整合资源使用再到消费者体验价值增值，都离不开企业和消费者之间的交互与参与，企业提供的网络平台是双方资源交互的统一界面，但在共创价值形成过程的前中后期，社会化媒体资源对消费者商务应用的影响存在差异，企业必须有针对性进行设计，突出不同时期双方交互和关注的重点，提供契合本时期需求的支撑，才能最终实现消费者社交需求与商务需求的有效融合，体现该模式的核心价值。

六、本章小结

本章对社会化电子商务的基本含义和主要运作形式进行归纳和总结，

第二章 社会化电子商务模式价值共创的机理研究

提炼了社会化电子商务社交与商务结合的两类途径；对当前应用中的问题进行了剖析；在此基础上，遵循共创视角下价值形成机制，参照 Johnson - Christensen 四要素模型，对社会化电子商务模式的价值主张、核心资源、关键流程和盈利模式四个核心要素和应用框架进行了探讨，并将价值共创的思想应用到社会化电子商务模式中，分析了其共创价值形成过程，归纳确立了消费者主导的商务与社交需求有机整合；从价值认知到持续使用的价值创造等影响该模式应用的关键点，为后续研究打下基础。

第三章
社会化电子商务模式价值整合路径研究

　　企业的价值主张是企业向消费者传递的与消费者追求相契合的一种价值承诺,Vargo 和 Lusch (2008) 的研究表明,在服务主导逻辑下,企业的作用就是提出价值主张、提供资源,创建互动平台以激励消费者进行价值共创。消费者在价值共创活动中占据主导地位,只有认可和接受了企业的核心价值主张,才会投入知识、技能、经验等资源参与到企业的一系列互动过程中,从而与企业共同形成价值创造。

　　社会化电子商务模式的核心价值主张强调将关注、分享、互动等社会化应用和社交网络资源与商务过程有效整合,为消费者提供更好的体验价值。但消费者从事社交类应用的动机主要集中在社会互动渴望和自我价值实现,而商务应用则更关注自利和实惠的需要,这种价值差异会导致双方结合过程的冲突,并最终影响集成应用的效果 (Dellarocas et al., 2004; Hennigthurau & Walsh, 2004)。网络情境下如何实现社交和商务应用的有效价值整合和有效引导,就成为社会化电子商务模式价值共创过程的重要基础。因此,本章聚焦社会化电子商务模式的企业价值主张提出阶段,遵循消费者主导逻辑的价值共创过程框架,考虑以社交商务化和商务社交化两类社会化电子商务整合路径为主线,综合社会认知理论、效价理论和品牌延伸等理论,从信任转移的用户视角和功能创新扩散的产品视角,剖析两者价值整合的过程路径与作用机理,尝试打开其"作用过程黑箱",并实证各要素在两类整合路径中对整合效果的影响差异并探讨造成这些差异的原因。

第三章 社会化电子商务模式价值整合路径研究

一、研究假设

(一) 价值共创与社会化电子商务价值整合

从最初的团购、个性化推荐到当前的 O2O 移动化情境下发展,社会化电子商务应用一直备受关注。诸多学者指出,该模式通过利用网络媒体等社会化资源协助完成电子商务交易和行为,支持社交互动和用户生成内容(UGC),从本质上说就是商务和社会行为的结合,其中,用户生成内容、用户交互、社会认同等是其最显著的特征(殷实、徐迪,2015;Kumar et al.,2016;Fairar et al.,2017)行为认知、情绪、社会化特征等方面的变量及社会网络相关特征对社会化电子商务平台下用户行为的影响也被广泛讨论(卢云帆等,2014;Hajli et al.,2015;冯娇、姚忠,2015)。其中,Kim 和 Park(2013)分析发现声誉、相互交流、口碑推荐等影响消费者信任进而对购买意图产生作用;Ng 等(2013)发现,社会支持、组织文化认同、依存感、自我构念等会通过信任进而影响行为意图;产品特征、信任要素、社会化特征、应用情境等对消费者接受行为的影响也得到了验证。诸多研究对该模式中社交和商务相互补充促进的价值都予以充分的肯定(Vasalou & Joinson,2008;张洪等,2017),但对社会化电子商务模式核心价值中社交应用与商务应用两者整合过程的探讨仍然较少。

在互联网背景下,消费者群体拥有驱动言论方向、打造口碑经济的影响力,其角色已从价值的被动接受者向价值创造者转变,价值内涵也从传统产品主导逻辑强调的交换价值向消费者体验价值转换。Vargo 和 Lusch(2008)通过 11 个基本命题构建了价值共创机制,阐明了企业作为价值主张提供者而消费者作为价值共创者的角色定位,强调了只有在一定情境下企业提出的价值主张得到消费者认可后才能和消费者共同创造价值的核心观点。企业提供特定情境下的价值主张是价值共创的触发点，通过拓宽与消费者的接口，在互动中影响消费者的体验与实践，最终形成消费者对产品和服务价值的感知，完成价值共创的过程（李雷等，2016）。

对社会化电子商务模式而言，将社会化媒体资源应用与商务应用结合，为用户提供更好的体验价值是企业提出的核心价值主张，但是消费者多是以社会互动渴望、自我价值强化等社会性利益为目的参与到社交应用，另外，消费者进行网购行为时多是为获得功能型利益而进行电子商务行为，价值驱动的差异会导致用户产生不用的行为反应（Heunigthurau & Walsh，2004）。所以，两类价值有效引导与整合并被消费者接受的过程就成为企业核心价值主张落实的关键，对后续价值共创过程有决定性的意义。

社会化电子商务作为一种典型的整合应用模式，价值提供不是一个简单的从无到有的过程，而是在已有的社交资源或商务平台基础上的价值延伸和整合应用，这个整合过程既是企业通过品牌延伸、产品功能拓展等实现创新应用扩散的过程，同时也是消费者在原有产品信任基础上采纳新应用的过程。主要包括以电子商务平台为主导的社交应用引入和以社交网络为主导的商务应用拓展两类路径，其中社交商务化的核心是注重社交资源的稳固和用户生成内容，商务是其基础上的价值变现和延伸应用；而商务社交化是强调借助社交等社会化资源削弱商务过程中海量信息的决策困难，做好商务的引导和推荐工作的优化商务的过程。两者价值核心点和影响因素都存在差异，需要对其路径和整合过程进行剖析和比对。

（二）感知效用与接受行为意愿

在消费者对社会化电子商务模式的接受行为研究中，相对优势和结构保证、感知有用性、易用性和消费者信任、感知风险等都被作为主要因素进行了验证，有研究指出，社会化电子商务通过构建和维护社交关系来创造价值，其价值产生是基于电子商务平台，嵌入社会化因素，将相关参与者联结起来的动态价值共创过程（Kim et al.，2013；Park & Ha，2016）。Pan 等（2014）指出，企业社会化电子商务模式中消费者的实用性、社交性和享乐性等共创体验价值会影响消费者未来参与企业价值共创的意向。社会交换理论提出在社会关系中，消费者为了获得最大化社会交换的付出和回报比率，通常会利用主观的成本—收益法事前对其进行分析，当用户通过分析判断潜在的成本大于收益时，则会倾向保持谨慎的态度；若用户预测到收益要高于预期的风险时，通常会表露自我相关的内容。

基于理性认知的效价理论，消费者对产品或服务的感知包括体现正效用的感知收益和体现负效用的感知风险（Peter & Tarpey，1975）。在网络情境下，无论是社交向商务的引导还是商务的社交模式引入，都是消费者在原有应用基础上对拓展应用的正负效用综合感知结果。不同整合路径上，产品、网络、个人等要素都会影响消费者感知结果，进而影响最后的接受行为。就感知的正效用而言，主要体现为对拓展应用的新感知价值，既包括对产品拓展后功能性和实用性感知，又包含使用中感情状态、体验感受以及自我概念增值方面的正效用（Sweeney & Soutar，2011）。新感知价值越高，消费者接受意愿越强烈。同时，社交应用中加入商务引导，购物过程中社交的引入不可避免地会对消费者产生营销劝说、隐私安全、在线资金保障等方面的担心，这些将对消费者产生负向效用，即新增感知风险（Featherman & Pavlou，2003）。感知风险越大，消费者就会越排斥这种应用。基于此，我们提出如下假设：

H3-1：社交和商务的价值整合中，消费者对拓展新应用的感知价值将显著正向影响对本模式的接受意愿，感知价值越大，接受意愿越大。

H3-1a：从社交到商务应用的整合路径中，消费者对基于社交的商务应用拓展感知价值越高，接受社会化电子商务模式的意愿就越大。

H3-1b：从商务到社交应用的整合路径中，消费者对基于商务的社交应用拓展感知价值越高，接受社会化电子商务模式的意愿就越大。

H3-2：社交和商务的价值整合中，消费者对拓展新应用的感知风险将显著负向影响对社会化电子商务模式的接受意愿，感知风险越大，接受意愿越小。

H3-2a：从社交到商务应用的整合路径中，消费者对基于社交的商务应用拓展感知风险越高，接受社会化电子商务模式的意愿就越小。

H3-2b：从商务到社交应用的整合路径中，消费者对基于商务的社交应用拓展感知风险越高，接受社会化电子商务模式的意愿就越小。

（三）基于 ELM 模型的应用整合路径

消费者从初始的社交或者商务应用到接受拓展应用的过程，是典型的被引导和说服的过程。现有研究中，技术接受模型（TAM）、理性行为模型（TPB）、任务技术匹配理论和技术采纳与使用统一理论等都被采纳作为基础框架，并加入了社会比较、社会参与、享乐性、社会取向动机、社会影响、体验等变量，丰富了具体情景下的应用（王瑜超、马费成，2017）。考虑到本部分聚焦在社交和商务从单一应用到整合应用的拓展过程，不同整合路径可能对最终结果产生不同的影响，因此，我们以体现说服路径选择的 ELM 模型（Elaboration Likelihood Model）为基础进行整合路径的概念模型构建。

基于沟通说服理论的 ELM 模型指出，消费者对信息的处理大致可分为中枢路径和边缘路径两种。在中枢路径将起到关键作用时，消费者愿意将信息进行精确细致的处理，这时信息能否发挥作用取决于论据的质量。如果个体无法或者不乐意对信息中的论据进行处理，发挥作用的将是边缘路径，而关键之处在于信息的边缘线索。边缘线索指的是除了信息内容之外的其他方面的指标，如信息来源的相似性和可信度等。

在 ELM 模型中，中枢路径主要体现对提供的应用信息质量的精确判断和对拓展应用功能的自我认知，已有研究多采用信息质量作为此路径的测量维度，本书关注社会化电子商务两类应用的拓展过程，消费者是否接受新应用主要取决于对新应用功能特征的细致性判断。在电子商务情境下消费者接受行为影响研究中，多次验证了源自技术接受模型的产品有用性、易用性对接受意愿的正向影响作用（Zhang et al., 2014；杨学成等，

2015;王瑜超、马费成,2017),因此我们选择扩展应用的产品创新特征作为衡量中枢路径影响的表征变量。

在商务或者社交拓展的情境下,当个体不能够或者不愿意处理信息中论据时,边缘路径将发挥作用,此时的边缘路径影响主要体现为对信息源的信任和社会化因素所导致的从众心理,因此,我们选择基于消费者从初始信任到拓展信任的信任传递和社会因素影响两个变量体现边缘路径的作用,综合前述因素,从用户和产品两个方面最终构建整合路径。

(四) 基于信任转移的用户视角影响

1. 信任与信任转移

信任是一个基于情境的概念,它的存在依赖于信任主体所处的互动环境,在互联网情境下交易环境的虚拟性和监管缺失,使信任的作用尤为突出。Mcknight 等(2002)指出,互联网信任是帮助消费者克服对风险和不确定性的感知,并参与到具体网络交易中的核心保障。Kim 等(2007)构建的扩展价值模型证明信任会通过感知利益对购买倾向产生影响。另有学者证明消费者信任的建立可以有效地降低消费者的感知风险,从而促进行为倾向的产生(Chang et al.,2016)。

无论是基于社交层面还是商务层面的价值整合路径,消费者对拓展方式和拓展后应用的信任是消除用户不确定性心理、提升感知效用的关键。特别是当前基于移动端的应用为增强用户体验,在方便性、即时性和交互性方面大幅提升的同时,更多的技术性细节被透明化和后台化。对于多数消费者而言,对移动社会化电子商务应用 APP 都是"知其然而不知其所以然",对其感知价值和效用的判断主要依赖于对该产品的信赖程度。因此,对这些扩展应用的信任是接受和使用它们的关键,信任度越强,对其感知价值就越大,相应的感知风险就越低。基于此,我们提出如下假设:

H3-3:在社交和商务的价值整合中,对拓展应用的信任将显著正向影响消费者对其的感知价值。

H3-3a:从社交到商务应用的整合路径中,消费者对拓展的商务应用的信任越强，消费者的感知价值越大。

H3-3b：从商务到社交应用的整合路径中，消费者对拓展的社交应用的信任越强，消费者的感知价值越大。

H3-4：社交和商务的价值整合中，对拓展应用的信任将显著负向影响消费者对其的感知风险。

H3-4a：从社交到商务应用的整合路径中，消费者对拓展的商务应用的信任越强，消费者的感知风险越小。

H3-4b：从商务到社交应用的整合路径中，消费者对拓展的社交应用的信任越强，消费者的感知风险越小。

从应用阶段来看，由于不同的交易阶段往往交易双方彼此了解的程度不同，交易双方的信任程度也会有所不同，由此可以划分为初始信任与后续信任两种类型（Xiao & Benbasat，2007），消费者在最初接触某种应用时，往往伴有陌生感和较高风险感知，但随着对它熟悉程度的提高，信任会发生变化，初始信任在决定未来行为方面具有至关重要的作用（Wang et al.，2016）。同时，信任转移理论认为，当被信任一方和第三方存在某种关系的时候，实施信任的一方对于第三方的信任便能够借由这种关系转移给被信任的一方，消费者对某个领域的信任通常会影响他们对其他领域的信任感知以及态度等心理认知，互联网世界里信任机制的建立也是经由这个过程而产生的。信任传递的好处在于能够帮助企业将其在某个商业领域中长期累积起来的消费者信任转移到其他的领域中，实现迅速建立新领域中消费者信任的目的。Lee 等概括了两种类型的信任传递机制，即渠道内信任传递与渠道间信任传递，发现用户对初始基础应用的信任能影响该用户对新应用的体验。因此，初始信任对后续信任乃至长期信任关系的建立方面具有至关重要的作用（Xiao & Benbasat，2007；Wang et al.，2016）。

当前社会化电子商务模式的发展路径都是尝试从初始领域到新领域的拓展，消费者对初始社交应用或商务应用的信任可能会传递到新的应用中，并产生显著影响。因此，我们提出如下假设：

H3-5：社交和商务的价值整合中，消费者对初始应用的信任将显著正向影响其对拓展后应用的信任。

H3-5a：从社交到商务应用的整合路径中，消费者对初始社交应用的信任越强，对拓展后的商务应用的信任也越强。

H3-5b：从商务到社交应用的整合路径中，消费者对初始商务应用的信任越强，对拓展后的社交应用的信任也越强。

2. 品牌延伸与感知契合度

劝说情境模型和"晕轮效应"都指出，消费者对原品牌的态度是决定其看待延伸产品的重要因素。Aaker（1990）指出，只有原产品与延伸产品之间的关联性相配合，才能保证延伸产品获得消费者的认可，而且这种相似性或相关性更多地应当根据利益而不是产品领域的属性来界定，只要它们服务于同一目的或目标，就可以归到相同的类别里。有学者进一步将这种关联性的内涵拓展至目标、使用方式、产品属性特征和品牌形象等综合因素的感知契合度，并证实其对品牌延伸评价有显著影响（于春玲等，2012），感知契合度高的产品与延伸产品之间由于内涵等方面的关联性会使用户对它们的评价相互影响，较容易将产品良好态度转移到延伸产品上，反之则达不到类似的效果。

当前社会化电子商务两种主流整合方式都是从消费者熟悉和接受的社交或者商务场景向另外一种应用拓展，目标都是挖掘社交资源与商务资源对接的潜力，完善和扩充现有的运作模式。消费者对从社交到商务或从商务到社交的拓展应用，对两种关联性和契合性上感知越相近，越容易对拓展的应用产生信任，进而影响其价值判断。基于此，我们提出如下假设：

H3-6：社会化电子商务中社交和商务的感知契合度将显著正向影响消费者对拓展后应用的信任。

H3-6a：从社交到商务应用的整合路径中，消费者对社交和拓展后商务应用的感知契合度越强，对扩展后的商务应用信任就越强。

H3-6b：从商务到社交应用的整合路径中，消费者对商务和拓展后社交应用的感知契合度越强，对扩展后的社交应用的信任就越强。

(五) 基于创新扩散的产品视角影响

1. 创新产品特征

Rogers 归纳总结了创新事物在社会系统中扩散的基本规律，较为全面地分析了创新本身特征对创新采纳的影响，他指出包括相对优越性、兼容性、复杂性、可试验性和可观察性等创新属性对潜在采纳者的决策过程和创新扩散速度影响显著，后续研究都证实了产品自身创新属性的显著作用（Wirtz & Göttel, 2016）。

当前社交应用和商务应用都有较成熟的 APP，如微信、QQ、支付宝、手机淘宝等，社会化电子商务模式尝试将大家熟悉的社交场景进行购物的扩展或者将购物过程嵌入社交要素，属于整合性创新过程，被消费者所接受，属于产品创新应用的对外扩散过程，社交属性和商务属性结合的创新特征优劣将是影响消费者感知效用进而影响接受意愿的重要因素。相对优越性、兼容性等创新性功能特征越强，消费者对拓展应用感知的价值就越大，相应的感知风险就越低。基于此，我们提出如下假设：

H3-7：社会化要素和商务要素结合的产品创新特性将显著正向影响消费者对拓展后应用的感知价值。

H3-7a：从社交到商务应用的整合路径中，社会化要素和商务要素结合的产品创新特性越强，消费者对拓展后应用的感知价值越大。

H3-7b：从商务到社交应用的整合路径中，商务要素和社会化要素结合的产品创新特性越强，消费者对拓展后应用的感知价值越大。

H3-8：社会化要素和商务要素结合的产品创新特性将显著负向影响消费者对拓展后应用的感知风险。

H3-8a：从社交到商务应用的整合路径中，社会化要素和商务要素结合的产品创新特性越强，消费者对拓展后应用的感知风险越小。

H3-8b：从商务到社交应用的整合路径中，商务要素和社会化要素结合产品的创新特性越强，消费者对拓展后应用的感知风险越小。

2. 社会性因素影响

除产品创新特征外，产品的外部社会性因素同样会对消费者采纳创新产品和应用的决策产生影响。Katz 和 Shapiro（1985）指出，消费者从产品中获得的价值可能与用户使用规模相关，即存在网络外部性。特别是在网络信息过载的前提下，消费者选择行为容易产生从众和模仿他人的"羊群效应"，这时网络规模等外部性要素可以增强用户感知价值，削弱消费者的风险感知。Venkatesh 提出 UTAUT 模型并指出，社会影响是影响消费者行为意向的重要因素，而社会影响主要是指个体感知的对于他相对重要的人认为其应该使用信息系统的程度。同时研究证明，具有示范效应和影响力的他人产品使用状况会对消费者的价值感知产生显著影响（Thong et al.，2006；Liang et al.，2014；Zhang et al.，2014）。

在社会化电子商务模式的整合路径中，网络外部性和社会规范的社会性因素可能会对消费者的效用感知产生较大影响，社会性要素接受倾向越明显，用户的感知价值可能就越大，感知风险越小。因此，我们提出如下假设：

H3-9：社会性因素影响将显著正向影响消费者对社会化电子商务拓展应用的感知价值。

H3-9a：从社交到商务应用的整合路径中，社会性因素会显著正向影响消费者对拓展的商务应用的感知价值。

H3-9b：从商务到社交应用的整合路径中，社会性因素会显著正向影响消费者对拓展的社交应用的感知价值。

H3-10：社会性因素影响将显著负向影响消费者对社会化电子商务拓展应用的感知风险。

H3-10a：从社交到商务应用整合路径中，社会性因素会显著负向影响消费者对拓展的商务应用的感知风险。

H3-10b：从商务到社交应用整合路径中，社会性因素会显著负向影响消费者对拓展的社交应用的感知风险。

综合上述分析，我们建立社会化电子商务模式中社交应用和商务应用价值整合路径的基本概念框架如图 3.1 所示。

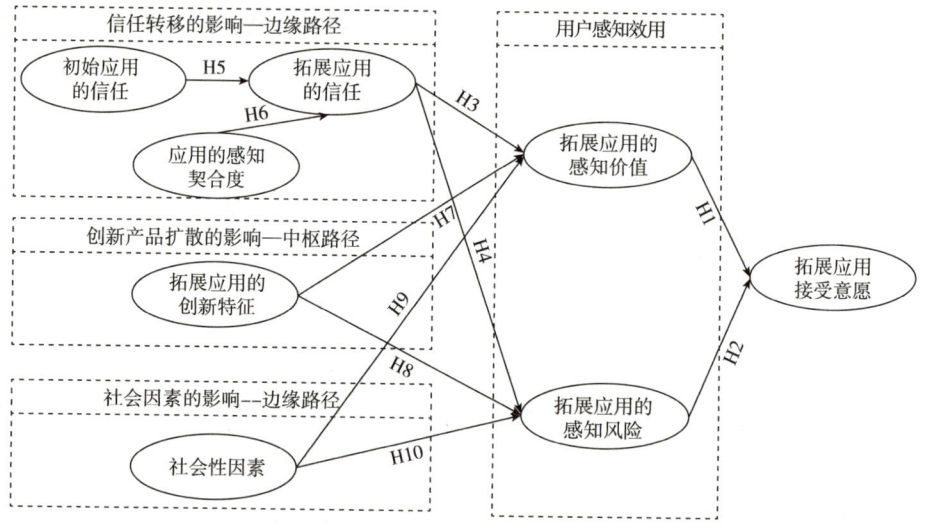

图 3.1　基于 ELM 的社会化电子商务模式价值整合路径概念模型

二、研究设计

（一）问卷设计

基于上述研究假设，我们建立主要概念的测度题项，通过调查问卷收集数据对社会化电子商务价值整合路径进行验证分析。

1. 代表性案例选择方面

当前从事社会化电子商务模式运作的企业众多，市面上有若干应用产品，根据第二章中对社会化电子商务运作方式的归纳和总结，主要分成基于电子商务平台的社会化资源嵌入方式和基于社交网络资源的商务应用拓展方式两类，因此，尝试分别从两种方式中选取具有代表性的应用进行调查研究。

(1) 基于社交网络资源的应用拓展，体现了从社交到商务的价值整合过程。它是在满足用户社交需求基础上，借助社交群体的流量优势和社交网络中用户生成内容的导向作用，激发和延伸出用户商务需求的过程。我们选择微信作为产品代表。

微信是腾讯于2011年1月提供的免费即时通信服务的智能终端，它能够支持跨通信运营商和跨操作系统平台进行操作，可以在有网络的情况下快速发送语音消息、视频、图片和文本，同时还具有共享资料和位置的各类服务，其中基于真实社交网络的"朋友圈"应用是当前应用最广的社交服务之一，活跃用户人数已近10亿人。微信在社交应用的基础上，利用强大的社交流量涉足商务领域，推出了以公众号和微信支付为基础的商务应用方案，涉及的服务能力包括移动电商入口、支付结算、客户关系维护、社交业务推广等，因此，我们在问卷中以微信应用为例，调查用户对从社交到商务拓展过程中的价值关注过程。

(2) 基于电子商务平台的社会化资源嵌入方式，体现了从商务到社交的价值整合过程。它是在为用户提供电子商务服务的基础上，借助社会化平台和社交资源优化商务过程，解决信息过载和决策困难等商务流程中的问题，并利用社交网络的影响做好示范、引导、宣传等作用。我们选择支付宝钱包作为产品代表。

支付宝是阿里集团以第三方支付为基础的应用平台，初始是为淘宝网的电子商务提供具有担保功能的第三方支付，2004年拆分后独立运作，2008年进入移动电子商务领域，推出"支付宝钱包"，开始涉足购物、转账、缴费等众多商业领域。经过几年的发展，已成为当前我国最大的第三方支付平台，活跃用户超过8亿人。在基于电子商务拓展的基础上，支付宝也积极尝试社交类功能，通过钱包好友和手机通讯录的聊天功能等在商务交易过程中体现社交属性，并不断利用支付宝"圈子"、AR实景红包等方式，尝试形成商业用户社交资源的聚合。因此，我们在问卷中以支付宝钱包为例，调查用户对从商务应用到社交整合过程中的价值关注过程。

通过调查对象对此两款应用在社交和商务整合应用中的认识，分析其价值整合的过程与影响异同。

2. 主要变量测度方面

问卷主要分为三个部分：第一部分是被调查对象的个人特征和网络应用经历的调查，人口统计特征中涉及了性别、年龄、受教育程度、职业等问题，针对调查的需要，添加了对微信、支付宝钱包使用情况的调查，借以筛选符合需求的样本，同时为体现社交和商务的关联性，添加了用户经常进行网络购物交流的人数选项。第二部分和第三部分分别针对微信和支付宝钱包，测度用户对其商务和社交功能的使用情况。研究假设中涉及主要概念的测度，均在现有文献中较成熟的量表基础上结合社会化电子商务的具体情景进行了修正。其中：

（1）关于感知价值方面的测度，Davis 提出的量表被 Sweeney 和 Soutar（2001）、Featherman Pavlou（2003）等证明具有较高的信度，因此本书在参考其量表的基础上加以修改，对功能价值、社会价值等维度进行测量。

（2）在当前网络社交和电子商务日趋普及的背景下，商务和社交应用结合的主要风险体现在隐私、安全和功能与时间消耗等方面，因此，结合 Stone 和 Gronhaug（1993）等的测度列表，使用三个题项测度社会化电子商务模式中感知风险要素。

（3）接受意愿表示消费者对微信和支付宝的认可程度，从产品、服务和模式等角度衡量，两者的题项在内容方面差别不大，本书参照了 Petrick（2003）三个表述题项的方式。

（4）关于信任的测度涉及不同情景，本书参照 Kim 等（2009）、Palvia（2009）、Pentina 等（2013）设计的量表中关于电子商务模式、移动支付、微博和社交平台 Twitter 的信任测度选项，在合并和对比的基础上形成对两类应用的初始信任和拓展信任的测度题项。

（5）对于拓展应用的创新特性方面，Rogers 提出的相对优越性、可试验性等五个方面具有代表性，鉴于两类产品都是基于移动端原有应用 APP 功能的扩展，可实验性维度的测度价值不高，研究技术产品的功能性特征影响的 TAM 模型指出有用性、易用性两个重要维度具有较好的代表性，与创新特征中的相对优越性、复杂性测度变量含义近似，因此参考 López-Nicolás 等（2008）和 Cui 等（2012）的设计选项，主要测度相对优越性、兼容性、复杂性、可观察性四个方面的特性，每个特性各自利用相关的分指标进行测度。

（6）社会性因素对扩展路径的影响主要体现在网络外部性的规模因素和体现社会规范的外部个体因素，综合 Katz 和 Shapiro（1985）关于网络外部性、Mathieson（1991）、Venkatesh 等（2003）关于社会影响的测度，形成三个测度题项。

（7）产品服务的契合程度体现了社交应用和商务应用在主要维度上的相关性或相似性，参照 Aaker 和 Keller（1990）、Broniarczyk 等（1994）、Kim 等（2014）关于品牌延伸中感知契合度的测度，结合社会化电子商务模式的应用情景，设计三个测度题项。

所有测度变量均采用 5 级 Likert 打分法衡量，分别以 1 分至 5 分标示测量值，分别代表非常不同意、不同意、不确定、同意和非常同意五个层次。在形成初始问卷后，请三位从事电子商务工作的人员和三位普通消费者分别对问卷问题进行试做，根据他们的意见对问题的表达和顺序进行了调整，最终形成正式问卷在线发放，主要测度项目如表 3.1 和表 3.2 所示。

表 3.1 社交到商务价值整合路径变量测度

潜在变量	测度变量		参考出处
初始信任（csxr）	csxr1	1. 腾讯公司具有良好的口碑，不会因为自己的利益损害消费者的利益	Mcknight 等（2002）、Kim 等（2009）、Palvia（2009）、Pentina 等（2013）
	csxr2	2. 腾讯公司具有提供高产品质量和服务的资源与能力	
	csxr3	3. 微信的社交功能为我提供了安全放心、值得信赖的服务	
传递信任（zfxr）	zfxr1	4. 微信的支付等商务应用是我需要的高质量的功能	
	zfxr2	5. 微信的支付等商务应用是具有良好口碑的功能	
	zfxr3	6. 微信基于社交的支付和购物等商务活动可以为我提供安全放心、值得信赖的服务	
	zfxr4	7. 微信基于社交的支付和购物等商务活动可以为我提供准确无误的服务	

续表

潜在变量	测度变量		参考出处
感知契合度（ppys）	ppys1	1. ［微信］的社交的功能与商务功能整合得很好，使用起来没有差别感，一体性很强	Aaker 和 Keller（1990）、Broniarczyk 等（1994）、Kim 等（2014）
	ppys2	2. 我觉得社交需求与商务需求联系比较密切	
	ppys3	3. ［微信］从真实社交朋友圈中延伸出红包等支付和相关的购物需求，对我而言是很自然的事	
创新扩散性（cxks）	cxks1	1.1 我的手机软硬件与微信的商务功能应用非常兼容，能够支撑这类应用	Davis(1989)、López–Nicolás 等（2008）、Cui 等（2012）
		1.2 微信的社交功能与拓展的商务功能的关联性和兼容性较好	
		1.3 微信拓展的商务功能服务能够满足我的某些需要	
		1.4 微信商务功能是对我的网购功能的有效补充	
	cxks2	2.1 学习使用微信的商务功能对我来说比较容易	
		2.2 清楚地了解微信的商务功能是件很容易的事	
		2.3 熟练地使用这些功能对我来说非常容易	
	cxks3	3.1 微信的商务功能可以提高我网上商务的效率	
		3.2 微信的商务功能优势明显，方便，不受时间、地点的限制	
		3.3 微信的商务功能很有用，可以有效管理资源	
	cxks4	4.1 我使用本功能后，能很容易地对其特点、性能做出评价	
		4.2 我很容易向其他人说明本功能的优点和便捷性	
		4.3 我能很容易地了解到其他人使用本功能的情况	
		4.4 使用本功能的好处是很容易明白的	
社会性要素（wlwbx）	wlwbx1	1. 使用［微信］的商务功能的人很多	Katz 和 Shapiro（1985）、Mathieson（1991）、Venkatesh 等（2003）
	wlwbx2	2. 我的朋友、同事都在使用［微信］的商务功能	
	wlwbx3	3. 对我很重要的人他们在使用［微信］的商务功能	
感知价值（gzjz）	gzjz_1	1. 基于真实朋友圈的引导，可以提高我的购物效率，让我买到更好性价比的产品	Sweeney 和 Soutar（2001）、Featherman 和 Pavlou（2003）、Davis（1989）
	gzjz_2	2. 这是一项非常方便、有用的［社交+商务］的方式	
	gzjz_3	3. 利用这种方式能够体现我敢于尝试创新应用的意识	

续表

潜在变量	测度变量		参考出处
感知价值 （gzjz）	gzjz2_1	4. 这种方式会是未来应用的主流，使用它是潮流和时尚的体现	Sweeney 和 Soutar（2001）、 Featherman 和 Pavlou（2003）、 Davis（1989）
	gzjz2_2	5. 使用这种方式可以得到朋友的更多赞许	
	gzjz2_3	6. 使用这种方式可以获得较好的公众形象，获得更多的社会认同感	
	gzjz3_1	7. 这种方式对我而言是很刺激、很有趣的	
	gzjz3_2	8. 这种方式会增强我网上购物等商务活动的愉快感受	
感知风险 （gzcb）	gzcb1	1. 学会适应本功能，需要付出的时间、精力成本是难以接受的	Stone 和 Gronhaug（1993）、 Featherman 和 Pavlou（2003）、 Corbitt 等（2003）
	gzcb2	2. 使用本功能对个人的隐私安全存在较大的风险	
	gzcb3	3. 使用本功能可能为我带来卡号密码被盗、资金丢失等风险	
接受意愿 （jsyx）	jsyx1	1. 我会尝试基于微信的支付和购物等商务活动	Petrick（2003）
	jsyx2	2. 我会在未来经常使用微信的支付和购物等商务活动	
	jsyx3	3. 我会向我的朋友推荐微信的支付和购物等商务活动	

表 3.2　商务到社交价值整合路径变量测度

潜在变量	测度变量		参考出处
初始信任 （zcsxr）	zcsxr1	1. 阿里巴巴公司具有良好的口碑，不会因为自己的利益损害消费者的利益	Mcknight 等（2002）、 Kim 等（2009）、 Palvia（2009）、 Pentina 等（2013）
	zcsxr2	2. 阿里巴巴公司具有提供高产品质量和服务的资源与能力	
	zcsxr3	3. 支付宝的网络商务功能为我提供了安全放心、值得信赖的服务	
传递信任 （zzfxr）	zzfxr1	4. 支付宝的生活圈子等社交应用是我需要的高质量的功能	
	zzfxr2	5. 支付宝的生活圈子等社交应用是具有良好口碑的功能	
	zzfxr3	6. 支付宝钱包基于网络商务的社交应用可以为我提供安全放心、值得信赖的服务	
	zzfxr4	7. 支付宝钱包基于网络商务的社交应用可以为我提供准确无误、质量很高的服务	

续表

潜在变量	测度变量		参考出处
感知契合度（zppys）	zppys1	1. ［支付宝钱包］的社交的功能与商务功能整合得很好，使用起来没有差别感，一体性很强	Aaker 和 keller（1990）、Broniarczyk 等（1994）、Kim 等（2014）
	zppys2	2. 我觉得社交需求与商务需求联系比较密切	
	zppys3	3. ［支付宝钱包］从网络支付等电子商务活动扩展到社交朋友圈中的社交需求，对我而言是很自然的事	
创新扩散性（zcxks）	zcxks1	1.1 我的手机软硬件与支付宝钱包的社交功能应用非常兼容，能够支撑这类应用	Davis（1989）、López-Nicolás 等（2008）、Cui G 等（2012）
		1.2 支付宝钱包的社交功能与拓展的商务功能的关联性和兼容性较好	
		1.3 支付宝钱包拓展的社交功能服务能够满足我的某些需要	
		1.4 支付宝钱包的社交功能是对我常规社交需求的有效补充	
	zcxks2	2.1 学习使用支付宝钱包的社交功能对我来说比较容易	
		2.2 清楚地了解支付宝钱包的社交功能是件很容易的事	
		2.3 熟练地使用这些功能对我来说非常容易	
	zcxks3	3.1 支付宝钱包的社交功能可以提高我网上商务的效率	
		3.2 支付宝钱包的社交功能优势明显，方便，不受时间、地点的限制	
		3.3 支付宝钱包的社交功能很有用，可以有效管理资源	
	zcxks4	4.1 我使用本功能后，能很容易地对其特点、性能做出评价	
		4.2 我很容易向其他人说明本功能的优点和便捷性的问题	
		4.3 我能很容易地了解到其他人使用本功能的情况	
		4.4 使用本功能的好处是很容易明白的	
社会性要素（zwlwbx）	zwlwbx1	4. 使用［支付宝钱包］的社交功能的人很多	Katz 和 Shapiro（1985）、Mathieson（1991）、Venkatesh 等（2003）
	zwlwbx2	5. 我的朋友、同事都在使用［支付宝钱包］的社交功能	
	zwlwbx3	6. 对我很重要的人他们在使用［支付宝钱包］的社交功能	

续表

潜在变量	测度变量		参考出处
感知价值 （zgzjz）	zgzjz1_1	1. 基于网络商务的基础，可以提高我的社交应用的效率	Sweeney 和 Soutar（2001）、 Featherman 和 Pavlou（2003）、 Davis（1989）
	zgzjz1_2	2. 这是一项非常方便、有用的［社交+商务］的方式	
	zgzjz1_3	3. 利用这种方式能够体现我敢于尝试创新应用的意识	
	zgzjz2_1	4. 这种方式会是未来应用的主流，使用它是潮流和时尚的体现	
	zgzjz2_2	5. 使用这种方式可以得到朋友的更多赞许	
	zgzjz2_3	6. 使用这种方式可以获得较好的公众形象，获得更多的社会认同感	
	zgzjz3_1	7. 这种方式对我而言是很刺激、很有趣的	
	zgzjz3_2	8. 这种方式会增强我网上购物等商务活动的愉快感受	
感知风险 （zgzcb）	zgzcb1	1. 学会适应本功能，需要付出的时间、精力成本是难以接受的	Stone 和 Gronhaug（1993）、 Featherman 和 Pavlou（2003）、 Corbitt（2003）
	zgzcb2	2. 使用本功能对个人的隐私安全存在较大的风险	
	zgzcb3	3. 使用本功能可能为我带来卡号密码被盗、资金丢失等风险	
接受意愿 （zjsyx）	zjsyx1	1. 我会尝试基于支付宝钱包的社交类应用活动	Petrick（2003）
	zjsyx2	2. 我会在未来经常使用基于支付宝钱包的社交类应用活动	
	zjsyx3	3. 我会向我的朋友推荐基于支付宝钱包的社交类应用活动	

（二）数据收集

最终问卷调查借助专业在线平台设计完成后，借助好友在线作答、朋友圈群体扩展、手机二维码推送等方式获取数据，并要求被调查者借助自身社会化网络进行扩散性发放，最终获得原始问卷 795 份，其中 88.68%的问卷通过手机提交，11.32%的问卷使用电脑链接，独立 IP 地址 522 个。被调查对象所在区域涉及山东、北京、江苏、陕西、湖南等 8 个省份，以

山东和北京居多。样本特征统计情况如表 3.3 所示,其中:

表 3.3 样本特征情况统计(N = 795)

测度项	分类	样本数(个)	样本占比(%)
性别	男	377	47.42
	女	418	52.58
年龄	20 岁以下	99	12.50
	20~30 岁	317	39.80
	30~40 岁	203	25.50
	40 岁以上	176	22.20
学历	专科及以下	349	43.90
	本科	310	38.90
	硕士	105	13.30
	博士及以上	31	3.90
职业	学生	253	31.80
	上班族	189	23.90
	自由职业者	191	24.00
	退休	40	5.00
	其他	122	15.30

1. 在性别和年龄结构方面

在调查样本中男女比例为 47.4∶52.6,总体女性比例稍多,这与网络购物中女士占多数有关。样本的年龄结构为以 40 岁以下用户为主,占总样本的 77.8%,其中 20~30 岁占总样本的 39.8%,30~40 岁占总样本的 25.5%。样本年龄结构与中国互联网中心(CNNIC)统计的网民结构和社交用户的年龄结构基本一致。CNNIC 统计显示,截至 2017 年我国网络用户中,40 岁以下占 73%,社交用户中 40 岁以下占 78%,其中 20~29 岁用户最多,分别为 30%、32.1%[①]。

---

① CNNIC. 第 41 次中国互联网络发展状况统计报告 [R]. 2018 - 01.

2. 在学历和职业结构方面

调查样本中本科及以下用户的比例为82.8%，总体学历水平略高于CNNIC统计的网络用户总体学历水平比例（72.5%）。在职业结构中，学生占总样本的31.8%，工作人员占47.9%，其中上班族占总样本的23.9%、自由职业者占24%，样本总数中学生比例略高。根据CNNIC数据显示，在我国网络用户中，学生群体最大，占比超过25%；社交用户中，学生比例占比超过23%。因此本次调研样本的职业结构也在接受范围内。

3. 根据问卷中微信和支付宝的使用情况调查结果

超过95%的被调查者都熟悉和经常使用微信和支付宝的各项功能，不足5%表示使用较少，说明样本用户对所调查问题比较熟悉，具有一定的代表性。通过以在线回答时间长短和主要选项回答重复度高低为主要依据进行问卷筛选后，共删除质量较低问卷113份，得到最终有效问卷682份。

三、实证检验

（一）问卷数据基本检验

1. 问卷测度构念

在本问卷测度的构念中，产品创新特性的测度涵盖了兼容性、复杂性、相对优越性和可观察性特征，每个维度包括3~4个指标，共记14个指标，为更清晰地建立潜变量之间的关系，参照 Little（2002）和 Matsunaga（2008）的建议，使用项目打包法（Item Parceling）进行预处理。本书中的产品创新特性测度的四个维度的 Cronbach's Alpha 值均大于0.8（见

表3.4），较好地体现了内部一致性和稳定性，因此使用内部一致性法，以4个维度下指标均值为本维度代表，进入最终的测度模型。

表3.4 创新产品特征的各维度数值

创新产品特征的维度	Cronbach's Alpha 值	
	微信	支付宝
兼容性	0.814	0.830
复杂性	0.843	0.853
相对优势	0.832	0.841
可观察性	0.849	0.874

2. 借助SPSS对数据的峰值和偏度进行测度

结果显示，主要测度变量的偏度绝对值介于0.01~0.803，峰值介于0.09~1.118，都低于门槛标准值，体现了调查数据较好的正态性，可以进行进一步验证。

3. 借助探索性因子分析和验证性因子分析对问卷数据进行信度和效度检验

分别就问卷中针对微信和支付宝为例的两类社会化电子商务整合路径调查数据进行计算，测度两组数据的KMO值分别为0.955、0.961（见表3.5），适合做因子分析，借助SPSS进行因子分析，八个主因素分别可以解释总体方差的73.9%和74.7%，因子提取结果符合要求（具体结果见表3.6和表3.8）。从因子负载的结果看（见表3.7和表3.9），感知价值的测度题项（zgjz1_1、zgjz1_2）在主因子上的负载较小，为避免出现交叉负载较高的情况，根据Hall的建议予以删除（Hair & Anderson，2005），其他测度项在相关因子上的负载都较高（>0.5），两次测度第一公因子解释方差比例分别为19%和18%，体现其共同方差方面的影响较小。

表3.5 KMO测度值

对象	KMO值	近似卡方	df	Sig.
社交商务化	0.955	14295.918	465	0.000
商务社交化	0.961	15283.159	465	0.000

第三章 社会化电子商务模式价值整合路径研究

表 3.6 社交到商务方差负载值

成分	初始特征值			提取平方和载入			旋转平方和载入		
	合计	方差的%	累积%	合计	方差的%	累积%	合计	方差的%	累积%
1	13.586	43.825	43.825	13.586	43.825	43.825	6.075	19.598	19.598
2	2.066	6.664	50.489	2.066	6.664	50.489	3.847	12.410	32.008
3	1.942	6.266	56.755	1.942	6.266	56.755	2.462	7.942	39.950
4	1.696	5.470	62.225	1.696	5.470	62.225	2.358	7.607	47.557
5	1.244	4.011	66.237	1.244	4.011	66.237	2.316	7.470	55.027
6	0.874	2.820	69.057	0.874	2.820	69.057	2.111	6.810	61.837
7	0.768	2.476	71.533	0.768	2.476	71.533	1.874	6.044	67.881
8	0.736	2.375	73.908	0.736	2.375	73.908	1.868	6.027	73.908
9	0.634	2.044	75.952						
10	0.548	1.769	77.722						
11	0.517	1.669	79.391						
12	0.488	1.574	80.965						
13	0.457	1.473	82.438						
14	0.436	1.406	83.844						
15	0.426	1.374	85.218						
16	0.408	1.316	86.535						

注：提取方法为主成分分析法。

表 3.7 社交到商务旋转因子负载值

变量	成分							
	1	2	3	4	5	6	7	8
ppys1	0.208	0.301	0.102	0.676	0.229	0.025	0.017	0.184
ppys2	0.305	0.076	0.177	0.700	0.238	0.100	0.123	-0.085
ppys3	0.112	0.122	0.149	0.749	0.180	0.083	0.139	0.232
wlwbx1	0.120	0.133	0.277	0.405	0.583	0.102	0.142	-0.066
wlwbx2	0.211	0.138	0.158	0.238	0.799	0.049	0.073	0.175
wlwbx3	0.258	0.202	0.086	0.180	0.792	0.004	0.098	0.112
csxr1	0.270	0.317	0.083	0.134	0.127	0.097	0.769	0.090
csxr2	0.122	0.328	0.232	0.107	0.101	0.099	0.748	0.137

续表

变量	成分							
	1	2	3	4	5	6	7	8
csxr3	0.308	0.345	-0.078	0.163	0.126	0.066	0.677	0.094
zfxr1	0.239	0.725	0.171	0.163	0.091	-0.054	0.259	0.116
zfxr2	0.254	0.759	0.161	0.150	0.115	0.082	0.180	0.083
zfxr3	0.272	0.774	0.158	0.138	0.118	-0.009	0.159	0.140
zfxr4	0.274	0.778	0.191	0.057	0.178	0.066	0.114	0.128
gzjz1_1	0.700	0.169	0.178	0.122	0.115	0.096	0.153	0.138
gzjz1_2	0.619	0.126	0.449	0.230	0.057	0.069	0.195	0.116
gzjz1_3	0.689	0.171	0.412	0.039	0.136	0.109	0.065	0.038
gzjz2_1	0.645	0.211	0.246	0.228	0.066	-0.003	0.135	0.137
gzjz2_2	0.795	0.232	0.026	0.121	0.175	0.067	0.140	0.099
gzjz2_3	0.810	0.269	-0.043	0.141	0.143	0.010	0.079	0.129
gzjz3_1	0.781	0.160	0.056	0.104	0.160	0.111	0.059	0.191
gzjz3_2	0.752	0.223	0.055	0.104	0.103	0.055	0.074	0.253
jsyx1	0.341	0.200	0.292	0.161	0.086	0.112	0.142	0.660
jsyx2	0.469	0.186	0.208	0.130	0.107	0.049	0.122	0.661
jsyx3	0.518	0.194	0.118	0.120	0.185	0.064	0.109	0.613
gzcb1	0.325	0.276	-0.331	-0.018	0.194	0.630	-0.020	0.078
gzcb2	0.037	-0.019	0.155	0.089	-0.037	0.875	0.077	0.026
gzcb3	0.051	-0.024	0.170	0.080	0.051	0.863	0.086	0.059
cxks1	0.299	0.299	0.542	0.288	0.246	0.098	0.234	0.222
cxks4	0.373	0.327	0.490	0.169	0.305	0.132	0.109	0.212
cxks2	0.130	0.255	0.695	0.200	0.209	0.148	0.056	0.248
cxks3	0.402	0.278	0.558	0.266	0.205	0.142	0.199	0.200

注：提取方法为主成分分析法；旋转法为具有 Kaiser 标准化的正交旋转法。

表3.8 商务到社交方差负载值

成分	初始特征值			提取平方和载入			旋转平方和载入		
	合计	方差的%	累积%	合计	方差的%	累积%	合计	方差的%	累积%
1	14.542	46.910	46.910	14.542	46.910	46.910	5.863	18.912	18.912
2	2.352	7.588	54.498	2.352	7.588	54.498	5.043	16.267	35.179
3	1.763	5.687	60.185	1.763	5.687	60.185	3.232	10.427	45.605

续表

成分	初始特征值			提取平方和载入			旋转平方和载入		
	合计	方差的%	累积%	合计	方差的%	累积%	合计	方差的%	累积%
4	1.344	4.337	64.521	1.344	4.337	64.521	2.229	7.189	52.794
5	1.062	3.427	67.948	1.062	3.427	67.948	2.168	6.993	59.788
6	0.780	2.516	70.464	0.780	2.516	70.464	2.056	6.631	66.418
7	0.708	2.283	72.747	0.708	2.283	72.747	1.535	4.952	71.371
8	0.611	1.972	74.718	0.611	1.972	74.718	1.038	3.348	74.718
9	0.593	1.914	76.632						
10	0.561	1.811	78.443						
11	0.480	1.550	79.993						
12	0.473	1.525	81.517						
13	0.453	1.461	82.978						
14	0.435	1.404	84.382						
15	0.417	1.346	85.728						
16	0.394	1.270	86.998						

注：提取方法为主成分分析法。

表3.9 商务到社交旋转因子负载值

变量	成分							
	1	2	3	4	5	6	7	8
zppys1	0.270	0.246	0.280	0.627	0.085	0.152	0.179	0.103
zppys2	0.261	0.358	0.183	0.708	0.116	0.108	0.092	-0.016
zppys3	0.274	0.152	0.359	0.672	0.110	0.209	0.087	0.071
zwlwbx1	0.122	0.276	0.774	0.220	0.078	0.154	0.111	0.000
zwlwbx2	0.148	0.248	0.819	0.210	0.058	0.137	0.109	0.076
zwlwbx3	0.173	0.239	0.841	0.134	0.063	0.143	0.057	0.069
zcsxr1	0.692	0.148	0.094	0.104	-0.015	0.115	0.344	0.137
zcsxr2	0.753	0.132	0.097	0.090	0.028	0.113	0.206	0.063
zcsxr3	0.692	0.330	0.136	0.212	-0.030	-0.026	0.161	0.331
zzfxr1	0.802	0.188	0.082	0.147	0.053	0.109	0.040	0.023
zzfxr2	0.781	0.190	0.096	0.074	0.050	0.094	0.064	0.094

续表

变量	成分							
	1	2	3	4	5	6	7	8
zzfxr3	0.762	0.274	0.147	0.179	0.004	0.148	-0.134	0.020
zzfxr4	0.686	0.360	0.155	0.184	-0.016	0.126	-0.161	0.109
zgzjz1_1	0.261	0.417	0.218	0.244	0.097	0.265	0.578	0.085
zgzjz1_2	0.256	0.439	0.312	0.218	0.053	0.240	0.486	-0.037
zgzjz1_3	0.303	0.656	0.193	0.158	0.079	0.133	0.278	-0.030
zgzjz2_1	0.312	0.581	0.287	0.187	0.051	0.151	0.215	-0.064
zgzjz2_2	0.242	0.752	0.255	0.122	0.073	0.160	0.048	0.086
zgzjz2_3	0.207	0.746	0.209	0.106	0.075	0.159	0.111	0.281
zgzjz3_1	0.228	0.735	0.163	0.132	0.133	0.193	0.045	0.211
zgzjz3_2	0.281	0.684	0.155	0.244	0.142	0.189	0.064	-0.034
zjsyx1	0.310	0.260	0.141	0.139	0.086	0.726	0.256	0.040
zjsyx2	0.249	0.330	0.313	0.184	0.094	0.660	0.127	0.019
zjsyx3	0.225	0.477	0.273	0.207	0.059	0.608	-0.032	0.083
zgzcb1	0.033	0.227	0.103	0.028	0.543	0.165	-0.084	0.309
zgzcb2	0.050	0.095	0.034	0.089	0.911	0.046	0.068	0.056
zgzcb3	0.045	0.095	0.093	0.080	0.903	0.042	0.040	-0.006
zcxks3	0.644	0.202	0.355	0.274	0.134	0.189	0.333	-0.165
zcxks2	0.649	0.175	0.111	0.185	0.148	0.237	0.308	-0.288
zcxks1	0.548	0.246	0.329	0.272	0.165	0.249	0.405	-0.053
zcxks4	0.547	0.471	0.180	0.224	0.132	0.140	0.207	-0.208

注：提取方法为主成分分析法；旋转法为具有 Kaiser 标准化的正交旋转法。

4. 效度检测

从验证性因子分析结果可以看到：潜变量与题目之间的路径在 0.001 水平下显著（P<0.001），除感知风险的一个测度指标标准化因素稍低，但考虑到测度指标过少仍予以保留，其他潜在变量的测度指标的标准化因子负荷均大于 0.5，说明量表具有较好的收敛效度，各变量测度项的 AVE 值均大于 0.5，表示具有较好的聚合效度。各项 CR 值均大于 0.7，表示量

表能够较一致地解释潜在变量，具有较好的建构信度（见表 3.11 和表 3.12）。对区别效度的检验如表 3.10 所示，从中可以看到处于对角线的 AVE 方根值均大于各测度变量的相关系数，表明各测度变量的区别效度较好。

5. Alpha 信度系数判断结果

各潜在变量在微信部分测度和支付宝部分测度的 Cronbach's Alpha 值均大于 0.7（见表 3.11 和表 3.12），说明问卷具有较好的一致性和稳定性。

表 3.10　变量区别效度的测度结果

	csxr zcsxr	ppys zppys	wlwbx zwlwbx	zfxr zzfxr	gzjz zgzjz	jsyx zjsyx	gzcb zgzcb	cxks zcxks
csxr	0.77							
zcsxr	0.73							
ppys	0.457**	0.75						
zppys	0.543**	0.73						
wlwbx	0.426**	0.600**	0.78					
zwlwbx	0.436**	0.645**	0.86					
zfxr	0.648**	0.469**	0.472**	0.81				
zzfxr	0.734**	0.564**	0.444**	0.79				
gzjz	0.532**	0.480**	0.477**	0.572**	0.77			
zgzjz	0.603**	0.637**	0.609**	0.619**	0.74			
jsyx	0.488**	0.503**	0.473**	0.539**	0.705**	0.8		
zjsyx	0.523**	0.612**	0.598**	0.544**	0.720**	0.78		
gzcb	0.225**	0.201**	0.203**	0.148**	0.260**	0.273**	0.73	
zgzcb	0.190**	0.298**	0.261**	0.185**	0.356**	0.317**	0.77	
cxks	0.580**	0.630**	0.599**	0.614**	0.609**	0.665**	0.261**	0.79
zcxks	0.633**	0.672**	0.615**	0.692**	0.695**	0.660**	0.276**	0.8

注：潜变量相关性选用 Spearman 方法。＊＊＊表示 $P<0.001$、＊＊表示 $P<0.01$、＊表示 $P<0.05$。

表 3.11 社交到商务的价值整合路径测度变量的信度与效度

测试变量	测度项	标准负载	t 值	Cronbach's Alpha 值	AVE	CR
初始应用的信任（csxr）	csxr1	0.816	19.224	0.811	0.59	0.82
	csxr2	0.752	17.464			
	csxr3	0.746	—			
拓展应用的信任（zfxr）	zfxr1	0.795	24.766	0.899	0.66	0.89
	zfxr2	0.803	25.691			
	zfxr3	0.841	27.684			
	zfxr4	0.831	—			
应用的感知契合度（ppys）	ppys1	0.718	15.763	0.760	0.57	0.79
	ppys2	0.660	16.846			
	ppys3	0.864	—			
拓展应用的创新特性（cxks）	cxks1	0.816	24.460	0.890	0.63	0.87
	cxks2	0.717	21.389			
	cxks3	0.847	25.764			
	cxks4	0.771	—			
社会性因素（wlwbx）	wlwbx1	0.669	17.102	0.815	0.61	0.83
	wlwbx2	0.867	22.891			
	wlwbx3	0.800	—			
拓展应用的感知价值（gzjz）	gzjz1_3	0.726	—	0.914	0.59	0.90
	gzjz2_1	0.710	19.529			
	gzjz2_2	0.791	21.756			
	gzjz2_3	0.793	21.483			
	gzjz3_1	0.796	21.871			
	gzjz3_2	0.795	21.638			
拓展应用的感知风险（gzcb）	gzcb1	0.470	11.039	0.740	0.54	0.77
	gzcb2	0.812	15.532			
	gzcb3	0.857	—			
拓展应用的接受意愿（jsyx）	jsyx1	0.736	—	0.853	0.64	0.84
	jsyx2	0.834	22.204			
	jsyx3	0.824	21.412			

表 3.12　商务到社交的价值整合路径测度变量信度与效度

测试变量	测度项	标准负载	t 值	Cronbach's Alpha 值	AVE	CR
初始应用的信任（csxr）	zcsxr1	0.773	15.623	0.760	0.54	0.78
	zcsxr2	0.797	15.828			
	zcsxr3	0.617	—			
拓展应用的信任（zzfxr）	zzfxr1	0.805	22.047	0.875	0.62	0.87
	zzfxr2	0.770	21.309			
	zzfxr3	0.809	23.179			
	zzfxr4	0.767	—			
应用的感知契合度（zppys）	zppys1	0.717	19.699	0.805	0.53	0.77
	zppys2	0.720	19.850			
	zppys3	0.749	—			
拓展应用的创新特性（zcxks）	zcxks1	0.851	26.346	0.900	0.64	0.88
	zcxks2	0.744	22.889			
	zcxks3	0.832	25.911			
	zcxks4	0.775	—			
社会性因素（wlwbx）（zwlwbx）	zwlwbx1	0.829	26.248	0.894	0.74	0.89
	zwlwbx2	0.890	29.624			
	zwlwbx3	0.858	—			
拓展应用的感知价值（zgzjz）	zgzjz1_3	0.751	—	0.909	0.55	0.88
	zgzjz2_1	0.730	21.286			
	zgzjz2_2	0.768	22.569			
	zgzjz2_3	0.727	21.058			
	zgzjz3_1	0.730	21.270			
	zgzjz3_2	0.749	21.859			
拓展应用的感知风险（zgzcb）	zgzcb1	0.528	13.685	0.789	0.60	0.81
	zgzcb2	0.900	19.603			
	zgzcb3	0.847	—			
拓展应用的接受意愿（zjsyx）	zjsyx1	0.726	—	0.842	0.61	0.82
	zjsyx2	0.798	21.214			
	zjsyx3	0.812	21.188			

（二）假设检验

问卷数据的信度和效度通过检验后，我们利用 AMOS17.0 建立结构方程，对数据进行分析验证，测度结果如图 3.2 和图 3.3 所示，模型拟合指标和适配结果如表 3.13 所示，由表可以看出，拟合指标具有一定的可信性，模型和数据拟合效果较好。检验结果和路径系数如表 3.14 所示。

表 3.13　模型拟合指标

	χ^2	χ^2/df	GFI	RMR	CFI	NFI	TLI	RMSEA
社交商务化	1370.26	3.796	0.867	0.105	0.922	0.897	0.912	0.064
商务社交化	1399.31	3.887	0.868	0.101	0.925	0.902	0.915	0.065

表 3.14　模型假设检验结果

假设			标准化路径系数	t 值	P	是否支持
H3-1a：jsyx	<---	gzjz	0.816	17.142	***	支持
H3-1b：zjsyx	<---	zgzjz	0.844	17.804	***	支持
H3-2a：jsyx	<---	gzcb	0.079	2.414	**	支持
H3-2b：zjsyx	<---	zgzcb	0.041	1.278	**	支持
H3-3a：gzjz	<---	zfxr	0.285	6.137	***	支持
H3-3b：zgzjz	<---	zzfxr	0.155	2.611	0.009	支持
H3-4a：gzcb	<---	zfxr	-0.158	-2.546	0.110	不支持
H3-4b：zgzcb	<---	zzfxr	-0.279	-3.123	0.002	支持
H3-5a：zfxr	<---	csxr	0.672	13.510	***	支持
H3-5b：zzfxr	<---	zcsxr	0.833	13.748	***	支持
H3-6a：zfxr	<---	ppys	0.288	6.758	***	支持
H3-6b：zzfxr	<---	zppys	0.178	4.558	***	支持
H3-7a：gzjz	<---	cxks	0.503	8.561	***	支持
H3-7b：zgzjz	<---	zcxks	0.552	7.843	***	支持
H3-8a：gzcb	<---	cxks	0.470	6.230	***	不支持
H3-8b：zgzcb	<---	zcxks	0.498	4.886	***	不支持
H3-9a：gzjz	<---	wlwbx	0.074	1.558	0.119	不支持
H3-9b：zgzjz	<---	zwlwbx	0.304	7.071	***	支持
H3-10a：gzcb	<---	wlwbx	-0.064	-0.997	0.319	不支持
H3-10b：zgzcb	<---	zwlwbx	0.015	0.236	0.813	不支持

注：*** 表示 P<0.001，** 表示 P<0.01，* 表示 P<0.05。

第三章 社会化电子商务模式价值整合路径研究

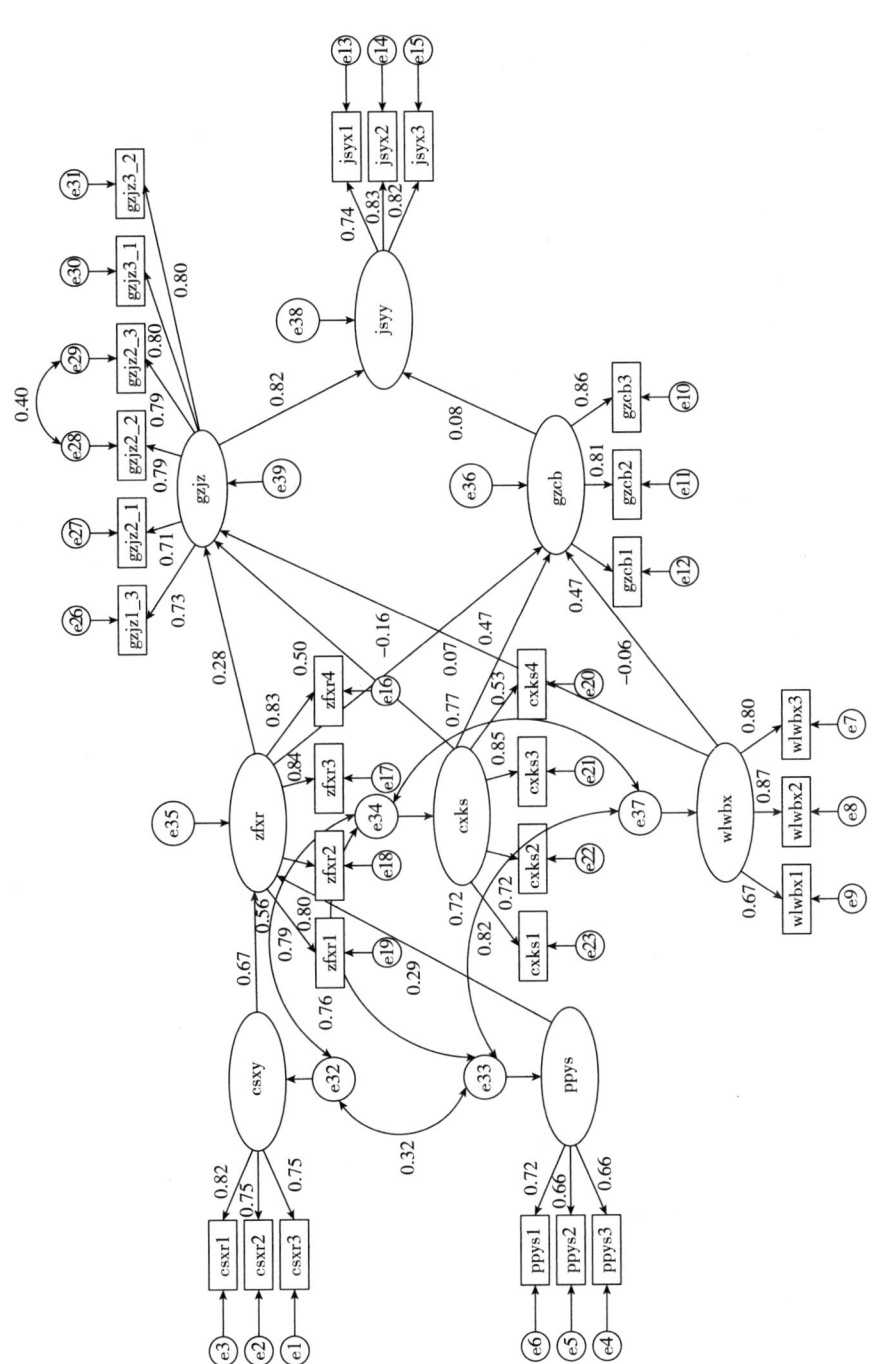

图 3.2 社交到商务应用价值整合路径验证结果

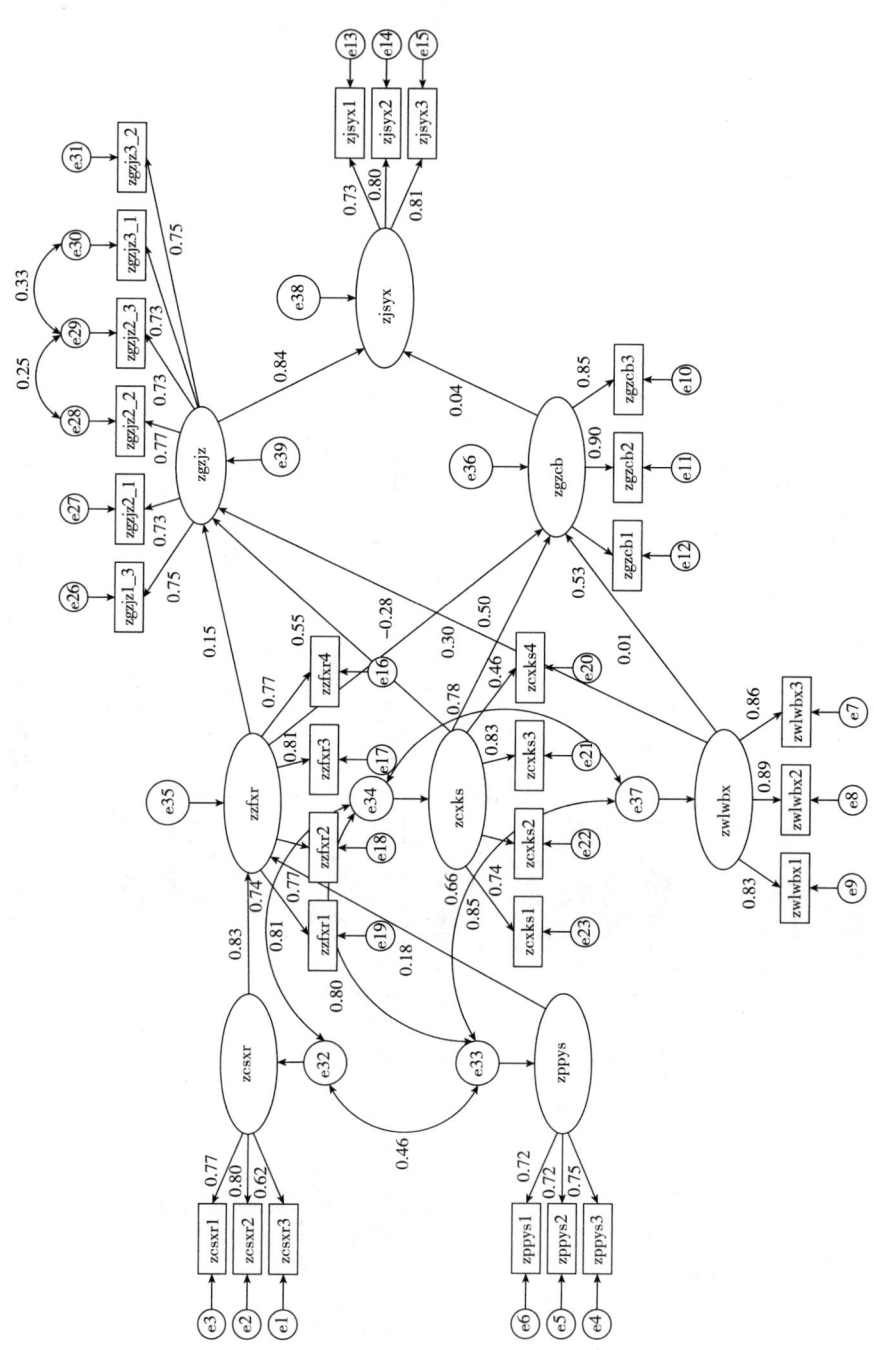

图 3.3 商务到社交价值整合路径验证结果

第三章 社会化电子商务模式价值整合路径研究

四、研究结果

从实证结果看,各测度变量在两个整合路径上的影响存在差异,其中:

拓展应用的感知价值对接受意愿的影响显著($\beta=0.816$,$P<0.001$;$\beta=0.844$,$P<0.001$),假设 H3-1a、H3-1b 都通过验证,证实包括对新应用的感知价值是影响社会化电子商务模式拓展的重要因素,但两类路径中,拓展应用的感知风险对接受意愿的影响(H3-2a、H3-2b)虽然通过了检验($\beta=0.079$,$P<0.01$;$\beta=0.041$,$P<0.01$),但影响系数明显低于感知价值。分析其原因,CRM 理论指出,与开发新客户不同,在客户的保有和提升过程中消费者对已有产品或服务的接受认可程度将会影响其对后续应用的认知。作为移动社交和商务领域的核心产品,多数消费者都已经熟悉和接受微信社交和支付宝的商务功能,这种认可会在很大程度上削弱对它们拓展和整合的新功能的风险感知。同时,社交与商务结合的正向价值效用也对这些风险感知产生较强的冲减作用,两者综合导致拓展路径中风险感知对最终接受意愿的影响较小,这也同时证明了消费者对社交与商务应用整合方式和整合价值的认可。

初始应用的信任对后续信任的影响作用明显,假设 H3-5a、H3-5b 得到共同验证($\beta=0.672$,$P<0.01$;$\beta=0.833$,$P<0.01$),充分体现了品牌初始信任的建立对后续产品和服务拓展的重要作用。品牌的延伸中两类应用的契合度对后续应用的信任作用明显,H3-6a、H3-6b 得到共同验证($\beta=0.288$,$P<0.01$;$\beta=0.178$,$P<0.01$),再次证明了社交和商务两者结合的可行性和重要性,但两者的影响程度不同,自社交延伸到商业应用的消费者感知契合度的作用要大于从商务到社交的延伸路径。

从拓展应用的信任对后续的影响看,社交商务化和商务社交化的拓展信任都显著影响其后续感知价值($\beta=0.285$,P<0.001;$\beta=0.155$,P<0.001),H3-3a、H3-3b通过验证,凸显出信任传递对后续应用的重要作用,但两者的影响程度也存在较大差异。从社交到商务应用拓展的信任对后续感知风险的影响未通过检验($\beta=-0.158$,P>0.01),H3-4a没有得到验证,而从商务到社交应用的信任对感知风险的减弱作用在0.01显著水平下显著($\beta=-0.279$,P<0.01),H3-4b通过验证,反映了两者发展路径的差异。从社交平台以支付为媒介延伸到商务的领域,虽然品牌和信任因素会增强用户的价值认可和尝试意愿,但因为社交商务涉及资金管理等敏感问题,消费者可能仍对其持有一定的迟疑态度,感知风险并未因为信任而完全消除。而与之相反,基于支付和电商务平台应用为主的商务应用大部分形成了支付和资金管理领域的信任,这种强信任和已有的良好支付习惯会在一定程度上削弱消费者提供的社交服务的风险感知,也从侧面反映出在社交和商务两方面的风险感知中,消费者对涉及可能造成资金损失的商务活动风险关注度更强的事实。

拓展应用的创新性特征对后续感知价值的正向影响得到了共同的验证($\beta=0.503$,P<0.001;$\beta=0.552$,P<0.001),H3-7a、H3-7b都通过验证,但是创新特性对感知价值具有正向作用的同时,对后续的感知风险也同样具有正向的影响($\beta=0.47$,P<0.001;$\beta=0.498$,P<0.001),H3-8a、H3-8b假设不成立,这与常规的负相关结论有所不同。究其原因,是由于现有社会化电子商务产品为了增强用户的体验,会尽量简化和透明化许多功能,如微信支付从绑定银行卡到能够使用仅需两步,与申请商业银行网上银行较烦琐手续形成鲜明的对比,很多消费者在获得方便快捷的消费者体验的同时,不免会对其后台的工作和安全性等产生怀疑,进而产生一定的应用风险感知。

社会性因素在社交商务化路径上并没有对感知价值产生显著影响($\beta=0.074$,P>0.01),H3-9a没有通过验证,而在另一路径中起到了显著的作用($\beta=0.304$,P<0.01),H3-9b得到验证。规模和示范效应一直是

网络环境下影响消费者接受意愿的重要因素,社交平台的初期应用多是以此为切入点,但当达到相对稳定的客户群后,像商务应用的拓展更多注重商业使用情景和需求的引导,社会性因素的作用相应弱化。与之相对,商务应用的社交化过程中注重了社会性因素的作用,尝试结合现有商务资源,以话题启动产品、通过信用筛选用户、以打赏促进圈子状态的优化等实现社区社交,对拓展的感知价值影响较大。

另外,社会性因素对拓展应用的感知风险的负向作用不明显,H3-10a、H3-10b 两个假设都没有通过验证($\beta = -0.064$,$P > 0.05$;$\beta = 0.015$,$P > 0.05$),表现了外部人群使用、社会规范的影响会引导消费者进行一定的尝试,但是并不一定能直接降低消费者对商务交易支付的安全性和社交隐私性的担忧,这与 Hong 等(2008)的研究中社会影响对采纳意向在信息和交易类网络系统服务中的影响并不显著的结论一致。

五、讨 论

(一) 主要结论

实证结果表明,企业在从初始的社交或商业引用进行功能拓展和价值引导的过程中,消费者对增加的新应用的感知效用是影响其接受意愿的关键,正效用(感知价值)作用大于负效用(感知风险)。但不同整合路径和路径影响因素存在一定差异:

1. 拓展应用的创新性特征影响显著,中枢路径作用明显

从结果看,在基于社交和基于商务的两类整合方式中,中枢路径影响作用都大于两类边缘路径的影响,根据 ELM 模型的设定,表示消费者对拓展应用多持慎重态度,能够并且愿意去谨慎对待这类拓展的功能,这可以

佐证为什么当前仍有大批用户停留在微信社交、支付宝支付的阶段。

其中，拓展应用的创新性特征是社交和商务整合过程中影响消费者感知效用的最重要因素，从测度维度的权重看，相对优越性（有用性）和两类应用的兼容性（关联性）是消费者较关注的两个方面。但是，拓展应用的创新性特征在增强消费者感知正向效用的同时，同样也会增强消费者的感知风险，最终的行为是正负效用（风险和价值）权衡的结果。

2. 品牌契合度和信任传递作用较大，边缘路径影响存在差异

当个体不能够或者不愿意处理信息中的论据时，来源的可信度、相似性等边缘路径因素将发挥作用。在社会化电子商务模型两类边缘路径中，对新应用的信任成为影响消费者效用的重要因素，而初始的商务或社交信任及两者的感知契合度对后续信任和路径拓展作用明显，凸显出信任要素在路径扩展中的重要作用。体现网络外部性和示范效应的社会因素在路径影响中效果较弱且存在差异，对感知风险并未起到削弱的作用，这反映出在社会化电子商务价值整合路径中，如果一味只追求规模和"羊群效应"而不注重信任或产品要素，其拓展效果往往不能持久，这也可以说明当前很多新应用在初期吸引大家注意和试用后，慢慢失去人气甚至退出市场的原因。

3. 基于应用情境的社交和商务关联性要素在整合路径中起到较大作用

感知契合度表现为使用目标、使用方式和品牌形象等因素近似性，反映了消费者对两类不同应用的关联性感知，创新产品特征中的兼容性（关联性）体现两类应用在功能和使用上的兼容、近似程度，两者对消费者效用都有较强的正向影响，体现了在商务和社交应用的整合中，增强两者在功能应用和消费者使用情境下的近似性对提升整合效果具有较大的影响。腾讯微信在功能统一性、一体化方面做得更为出色，而阿里除支付宝社交圈外，还推出"来往"、"钉钉"等独立的社交应用，在一定程度上损失了关联性和品牌一体化的优势。

4. 基于社交和基于商务的两类整合路径整合重心各有不同

具有在线商务基础的商务社交化拓展路径中，初始应用的信任对后续

第三章　社会化电子商务模式价值整合路径研究

拓展应用信任的传递影响，以及信任对其感知风险的削弱作用，都大于从社交到商务的延伸。在宣传和舆论引导等社会性因素方面，对后续感知价值的影响也更加明显。因此，基于商务的社交引入需要考虑借助规模效应和示范作用发挥社会影响的作用，同时充分利用信任的作用。但自社交延伸到商业应用的消费者感知契合度的作用要大于从商务到社交的延伸路径，体现了从社交到商务应用情境上更符合消费者应用和功能关联性的感知，例如，熟人社交朋友圈的聚餐付账、群收款等更加符合消费者实际应用的场景，而基于较浓厚的商务交易关系到社交应用的直接转换会略显生硬。同时，这种契合用户需求场景的设计以及延伸信任的作用大于社会性因素，只靠短期关注和示范效应虽然能够短期内影响用户的感知价值，但却较难形成消费者的持续应用。

（二）管理启示

本章结合社会化电子商务模式在价值主张提出阶段的特点，选取体现消费者信息处理路径的 ELM 模型为基本框架，对从社交或商务需求到新需求的整合拓展过程中，消费者关注的影响因素和作用路径进行了梳理，分析了创新扩散的产品要素和信任转移、品牌感知传递对消费者新价值接受过程的影响。实证结果对社会化电子商务整合具有如下启示：

1. 结合不同整合路径特点，有针对性地设计拓展功能

在消费者对拓展应用的感知效用影响因素中，代表中枢路径的产品功能性特征影响较大，体现消费者对社交类需求和商务需求整合过程中，功能的实用性仍是首要因素。因此，充分考虑社交或商务的不同应用情境，有针对性地设计社交延伸的商务功能，完善商务应用的社交功能，提供与消费者惯用情境关联性强、实用有效功能仍是保障有效拓展的关键。同时，要充分考虑在为消费者提供便利的同时，加强安全方面的投入，特别是关注社交应用中的隐私保护、商务应用中的资金安全等，减少因为功能的便利性体验带来的消费者风险感知的增加，从而实现较好的拓展效果。

2. 整合过程中要注重品牌建设，提升消费者口碑

在边缘路径的影响中，凸显出初始信任和信任传递要素对路径扩展的

重要作用，因此要充分注重自身企业品牌形象建设，通过加强品牌塑造、提供企业官方与消费者互动的渠道，如官方微博、微信公众号、企业品牌社区等。加强与消费者的沟通，树立企业品牌形象，增强消费者对企业产品的信任度，促进新应用拓展的效果。示范效应和群体效应一直是互联网环境下产品推广的关注重点，但在本书社交和商务整合的路径中，社会影响的作用较小且在两类路径上存在差异，需要区别性对待。

3. 整合过程中要保持拓展功能与原功能的关联性

感知的契合度与功能的关联性是影响整合结果的重要因素，因此在社会化电子商务价值拓展过程中，保持社交功能和商务功能的一体化，社交、品牌的统一性对最终的整合效果具有较好的影响。可以考虑在社交流程中嵌入商务的引导，例如，在虚拟社区如朋友圈功能中嵌入商品入口，在社交话题圈子中加入对应商品展示；在商务流程中加入社交圈资源的评价与推荐，在购物完成后提供一体化的分享和社区应用等。品牌应用中应尽可能地统一在同一网站平台或者移动端 APP 应用中，避免因为品牌差异造成消费者感知的割裂，无法实现社交和商务的整合应用。

4. 不同整合路径在整合过程中关注的影响因素不同

社交与商务两条整合路径的影响因素存在差异，需要区别性对待。以商务为基础的拓展，优势在于涉及资金往来的基础，信任因素和社会性因素影响最终的结果较大，如何克服商务过程中的功利性、增强用户的信任，并加大群体效应和示范效应是保障本路径成功整合的关键。在社交为基础的商务拓展中，社交网络所形成的天然信任机制和群体基础，使在本拓展路径中信任和社会影响两项因素的作用减弱，但体现从社交到商务拓展的关联性和契合度因素影响较大。因此，不能一味地进行广告推广，整合的重点应该是考虑如何根据消费者不同的社交情境提供有效的商务引导，尝试用群体效应影响消费者的接受过程。

六、本章小结

本章遵循价值共创的分析框架,聚焦社会化电子商务模式中社交和商务整合的价值主张提供阶段,以品牌延伸理论和创新扩散理论为依托,构建基于信任转移和产品功能契合的社会化电子商务模式价值整合路径的ELM模型,探讨各要素在价值整合中的不同影响及作用机理。研究结果表明:创新产品特征是影响感知价值最重要因素,但在增强消费者感知价值的同时也会增加其感知风险;体现用户规模和社会规范的社会性因素并不能消除消费者对价值整合模式的风险感知,但在商务到社交的拓展中作用大于社交的商务化过程;信任和信任的传递会增强价值整合的感知价值,对商务社交化的感知风险削弱作用更加明显。

第四章
社会化电子商务模式持续使用意愿形成过程研究

消费者持续使用意愿的形成是社会化电子商务价值共创过程有效运转的关键。企业提出价值主张并引导消费者将社交需求与商务需求结合后,消费者能否最终肯定社会化电子商务模式的价值,积极、主动地参与到使用流程中,在有效完成商务决策的同时形成有效的用户生成内容并通过社会化网络进行分享,是保障社会化电子商务共创价值持续形成的关键。在当前警觉性消费逐渐占主流的情况下,消费者只有在经过一个综合和平衡的过程才能完成从价值感知到最终的持续使用并进行内容创造和分享的过程。Bandura(2005)的研究指出,预期作为行为重要的决定因素,在认知和行为中间起到重要的中介作用,即便消费者认可某种方式的价值,但当预期到自身没有能力驾驭时,仍然会选择放弃该使用行为。因此,只有实现消费者价值感知到最终接受并持续使用过程的良好转换,才能保障社会化电子商务模式的健康可持续发展。

那么,在社会化电子商务模式下,在消费者从获得整个商务模式的各类价值到最终持续使用意愿的形成过程中,有哪些体现消费者预期的心理特征变量发挥作用?它们之间的作用过程又是怎样的?当前学者对社会化电子商务的本质、核心特点、接受行为的影响要素方面都做了较为细致的探讨,在社会化商务模式下消费者持续使用形成过程的研究中关注到商业性价值、社交要素等对最终意愿和行为的影响(Khalifa & Liu,2007;武文珍、陈启杰,2012;Saarijärvi et al.,2013;Zhou et al.,2013),并对如

第四章 社会化电子商务模式持续使用意愿形成过程研究

何有效激发用户积极参与使用、分享和推荐、形成良好口碑循环等方面进行了细致的探讨（Rose etc.，2012；Healy & Mcdonagh，2013；Paredes et al.，2014；左文明等，2014；简兆权等，2016），但仍缺乏针对社会化电子商务模式下，消费者持续使用形成过程的细致分析，探讨价值感知到使用行为中间消费者心理预期表征和相互作用方面的研究也不多见。

基于此，本章尝试从消费者对社会化电子商务模式的整体价值感知入手，遵循Bandura提出的认知—预期—意愿研究框架，综合认知行为理论、价值感知理论、劝说知识理论，并详细探讨社会化电子商务模式下，消费者心理预期的表征变量和它们的作用机理，厘清消费者从肯定社会化电子商务模式价值到形成持续使用意愿的作用过程（Culnan et al.，2010）。

一、研究假设

（一）社会化电子商务模式持续使用意愿的形成

当前对社会化电子商务模式的研究关注了其创新应用的问题，已有研究指出，用户的社会化网络资源与用户的活跃程度是社会化电子商务价值创造的核心（吴菊华等，2014；周静，2015）。消费者的年龄、收入等个体特征、体现社交应用和网络购物经验的相关能力要素等都对其使用意愿和最终行为存在较大的影响（Cha，2009；Kang & Johnson，2013）。体现社交资源价值的要素也被重点关注，Harris和Dennis（2011）研究发现，信息来源或性质的不同会对用户的使用行为产生层级结构式影响，而用户间关系的强弱对最后的使用意愿具有较强作用（冯娇、姚忠，2015）。但当前研究多注重了影响消费者价值感知的前置因素，强调用户的自身能力感知、用户间的交流和互动会影响社会化电子商务模式各类价值的感知进而影响使用的过程，对于消费者初始接受和价值肯定到最终的持续使用意愿中间过程的分析较少。已有文献开始关注社会化电子商务模式下，负面情绪如厌恶、倦怠等对最终意愿的负向影响（胡观景等，2017；刘雯雯、郑鑫怡，2017），但仍缺乏从消费者心理预期视角对不同感知价值认知到消费者持续行为意愿过程的中介要素和作用机理的详细分析。

持续使用意愿是决定消费者持续使用行为的前置核心要素，在社会化电子商务模式价值共创过程中，通过企业的价值引导，消费者对社交和商务应用整合过程有了初步认识，感知到在社会化电子商务模式中，社交类应用和商务应用结合所提供的不同价值，在此驱动下尝试整合使用社交和商务资源，并进行进一步的预期判断，形成最终全流程的持续使用，从而实现体验价值的增值，而这种在感知基础上的预期是影响最终持续行为意愿的关键（Bandura，1982）。这个过程既包含自身对具体应用情境驾驭能力的理性分析，同时也有对模式运作的质疑性判断。其中，社会认知理论认为，人类任何的行为都根源于其内心对行动效果的预期与判断。社交应用和网络购物的"双重虚拟性"增加了社会化电子商务模式的复杂性，敢于并且愿意使用这种模式在很大程度上归结于消费者对驾驭这种复合型商务模式能力的自我认知和判断，自我效能感就是个体或群体对自身能力的认知与评价的结果，它在很大程度上决定主体从感知的认知到最终行为的方向。同时，认知不协调理论认为，消费者会有意识地对那些与其原有态度不一致的外来信息进行质疑，形成自我防御式抵触，社会化电子商务中在线营销引导不当容易引起消费者的抵制和质疑，从而拒绝接受说服，产生对抗性心理（Lee et al.，2014；Middleton et al.，2015）。对社会化电子商务模式驾驭能力的自我正向认知与防御性的逆向抵触对抗心理交织与综合，最终将构成消费者的总体预期进而影响最终的持续行为意愿和共创行为。

（二）社会化电子商务整合价值感知的影响

在社会化电子商务模式持续使用意愿影响研究模型中，TAM 模型的使用频率最高,研究成果也最丰富,现有研究大都将社会影响、社会比较以及社会性参与等体现社会化电子商务特点的要素融入 TAM 的基本研究框架中,与有用性和易用性等进行结合(Liu et al.,2017;刘新民等,2018),其中社会影响反映群体领袖对社会化电子商务模式的认知程度,社会比较强调自身意见与他们比较并受影响的程度,社会参与更多体现群体效应的影响,主观规范更多体现社会因素的个体行为的约束程度。这些社会性因素对消费者意愿和行为的正向作用也大多得到了支持(Caverlee et al.,2010;Shen,2012;冯娇、姚忠,2015;Hung et al.,2018)。

VAM 模型是 Kim 等根据价值理论提出的用于解释消费者接受行为的应用模型,该模型已并证明在网络化情境下能够比 TAM 模型更多地解释用户的行为意图(赵哲等,2017),这充分体现了消费者价值感知的重要性。价值驱动一直以来是研究消费者选择和决策问题的重要关注点,其中,消费者感知价值突出强调消费者在得到产品或服务过程中主观感受到的利益与其付出的成本,被认为是决定用户使用某一特定服务的重要动机(Jiang et al.,2015)。在价值共创过程中,企业首先提出价值主张,尝试通过不同路径的引导,实现消费者从单一社交或商务需求向两者结合的方向发展。在消费者对这种整合模式有了较全面的认识后,才会形成持续的使用和分析等行为,完成全流程的价值增值,其中用户对社会化电子商务模式提供服务的全面价值感知是其后续行为的基础,因此,我们以消费者的感知价值作为影响社会化电子商务模式持续使用意愿的首要因素,使用 Kim 的 VAM 模型作为基本实证框架。

在感知价值的主要维度方面,现有研究普遍认可 Sweeney 和 Soutar(2001)的划分方式,将感知价值分为功能价值、享乐价值和社会价值三种类型。已有研究证明,这些不同维度下的价值感知对消费者最终意愿的影响程度存在不同,在不同环境或产品服务使用上也存在差异(Eggert & Ulaga,2002;Jackie & Tam,2004)。其中,功能价值是指消费者对产品的功能性、实用性、自然属性等方面的能力的有效感知;社会价值指产品带给消费者社会性自我概念增长所带来的效用;享乐价值则是产品使消费者产生感情状态的效用价值，是消费的心理和情感感受。社会化电子商务模式强调将社交需求与商务需求结合，整合后的商务模式可以为用户带来多种类型价值感知，不同的感知价值类型将对最终行为产生不同的影响，因而，我们将分别分析感知价值的不同维度对最终社会化电子商务活动的影响。

（三）自我效能感与持续使用意愿

Kozinets 提出的消费型虚拟社区是社会化电子商务模式的雏形，如何激发消费者积极持续参与虚拟社区是其模式运作的关键。现有研究关注了虚拟社区成员参与行为的动机和心理驱动机制等方面的问题，研究证明，积极的虚拟社区参与行为能给企业带来积极的营销效应、促进购买行为。Cha（2009）、Kang 和 Johnson（2013）从社会心理学的视角进行研究，信息支持和情感支持、关系质量、承诺等都作为最终意愿的前置变量被引入模型，证明了"满意"和"承诺"等对成员参与行为的正向影响，佐证了社交类关系要素对深入参与社区活动的重要作用。

在社会化电子商务模式持续使用方面，消费者的持续使用一般是指在初始感知和接受行为后，经过自我判断后形成的自发的、持续的、积极的重复性行为。当前研究表明社会化资源及相关价值是社会化电子商务模式的核心价值点，用户社交资源形成的社会化网络特征、社交平台的交互性特征都是吸引消费者持续使用的重要因素（Saarijärvi et al.，2013；胡观景等，2017），体现满意、信任和承诺等社会关系质量成为影响最终持续行为的关键。Lin（2017）基于 SOR 框架分析了社会化电子商务网站的技术要素：交互性、推荐和反馈等对关系质量乃至持续购买行为的不同影响；并从社会关系的角度探讨了影响重复购买的因素，指出交互性、推荐、评论反馈等技术性要素对关系质量的影响进而影响重复购买。

社会认知理论认为，人的内心对行动效果的预期与判断是影响行为的根源，自我效能感是个体或群体对自身能力认知、衡量与评价的结果，它在很大程度上决定主体从感知的认知到最终行为的方向。Bandura（2005）

指出，预期作为行为重要的决定因素，在认知和行为中间起到重要的中介作用，即便消费者认可某种方式的价值，但当预期到自身没有能力驾驭时，仍然会选择放弃使用该行为。自我效能感是20世纪70年代美国心理学家Bandura在社会认知理论中提出的一个核心概念，他认为一种行为的启动以及行为过程的维持主要取决于行为者对自己相关行为技能的预期和信念，这种信念在人类许多活动领域都扮演着非常重要的角色，这种信念就是自我效能感。Bandura（1986）将其定义为"人们对他们组织和实施某种行为进而达到期望效果能力的自我判断"。这种自我能力的评判会在很大程度上影响他们对活动或特定社会环境的选择。

自我效能感在组织管理研究中被较早关注，现有研究重点关注了其在软环境与行为绩效之间的作用，Tierney和Farmer（2002）证明创新自我效能感对个体创新行为及绩效的积极作用，顾远东、彭纪生（2010）和方阳春（2014）研究发现自我效能感对组织创新、研发绩效有正向促进作用。也有研究开始将具体情境下的自我效能感作为特定行为采纳和感知的前置因素，朱阁（2010）针对移动拍卖的情境下，引入对移动拍卖模式的自我效能感，分析了它对模式价值感知和接受行为的影响；涂红伟（2013）分析了自我效能感对线下和线上渠道转换行为的作用机制；黄勇（2015）研究了组织内信任对员工负责行为的影响中自我效能感的中介作用，得到了较为肯定的结论。

电子商务的虚拟性使消费者对商家和产品本身存在若干的怀疑和不确定性因素，社会化电子商务模式虽然尝试通过社交化因素，特别是现实社会关系中的经验分享来降低这些负面因素，但在信用体系仍不够完善的情境下，即便是能够感知到存在的应用价值，敢于并且愿意使用这种模式在很大程度上应该归结于消费者驾驭这种复合型商务模式的自我认知和判断，即社会化电子商务环境下的自我效能感。这种自我效能感越强，消费者越容易使用这种模式，自我效能感在社会化电子商务模式感知价值到使用意愿中起中介桥梁作用。因此，我们提出如下假设：

H4-1：社会化电子商务模式下感知价值将显著正向影响消费者在此

情境下的自我效能感。

H4-1a：社会化电子商务模式下功能性感知价值将显著正向影响消费者的自我效能感。

H4-1b：社会化电子商务模式下社会性感知价值将显著正向影响消费者的自我效能感。

H4-1c：社会化电子商务模式下享乐性感知价值将显著正向影响消费者的自我效能感。

H4-2：社会化电子商务模式下消费者自我效能感将显著正向影响消费者的持续使用意愿。

同时，Schwarzer 等学者在 Bandura 的基础上把自我效能感分为一般自我效能感和特殊自我效能感。其中，特殊自我效能感主要指个体对特定领域下自身完成特定工作的信念，一般自我效能感则是一种概括化的自我认知，是个体面对环境要求或面临新环境时的总体自信心，是消费者对具体情境认知的基础，对具体情境产生影响（朱阁、马龙，2010；涂红伟，2013）。

两种效能感在作用的顺序、影响的情境等方面都存在较大的差异。基于消费者对社会化电子商务的认知过程看，一般自我效能感是整体认知过程的开始，是指导个体尝试了解和接触这种社交与商务融合新模式的信心基础，是消费者形成对社会化电子商务价值感知和判断的先决条件，同时对具体情境下的自我效能感产生影响。而社会化电子商务情境下的自我效能感是消费者能否驾驭这种复合的商务模式的能力的自我认知，将影响到此情境下消费者后续行为的选择。因而，我们在 H4-1 和 H4-2 的基础上，将一般自我效能感作为前置变量，探讨它对感知价值和社会化电子商务情境下自我效能感的影响，提出 H4-3 和 H4-4。

H4-3：一般自我效能感将显著正向影响社会化电子商务模式下消费者的感知价值。

H4-3a：一般自我效能感将显著正向影响社会化电子商务模式下的功能性感知价值。

H4-3b：一般自我效能感将显著正向影响社会化电子商务模式下的社会性感知价值。

H4-3c：一般自我效能感将显著正向影响社会化电子商务模式下的享乐性感知价值。

H4-4：一般自我效能感将显著正向影响社会化电子商务模式下消费者的自我效能感。

（四）说服抵制与持续使用意愿

Faith 指出，警觉性消费是当前消费行为的一大趋势并具有长期性，主要体现在消费者对产品真实质量的判断、对企业宣传真伪的识别及对企业操纵意图的推测等方面（Friestad & Wright，1994）。这种抵触的本质是消费者内在的一种积极维持原有信念的心理活动，体现为主体在获得面临威胁的感知下，对传递的信息进行抗拒从而维护自身选择自由的一种反抗性心理。早期的社会心理学研究就指出，有强烈态度的主体可能会抵制那些与其持有态度不一致的信息。认知不协调理论指出，消费者会有意识地对那些与原有态度不一致的外来信息进行质疑、躲避、否认价值、拒绝认同（Kivetz，2005）。营销说服的抵制是指当企业在市场上开展各种形式的营销说服活动，给予目标消费者一定的诉求，以期引导其态度和行为向企业所希望的方向转变时，激发出消费者对所传递的营销说服信息产生了潜在的自我防御式抵触，这种抵触的本质是消费者内在的一种积极维持原有态度和信念的心理活动。

在电子商务领域，已有研究发现营销方式的不当会引起客户的抗拒反应，Kivetz（2005）、Wendlandt 和 Schrader（2007）等研究了关系营销领域中，过度促销对消费者购买决策的影响，发现消费者强烈感知自主权受威胁时，会对其最优决策产生影响，并且损害消费者忠诚。Edwards 等（2002）从个性化推荐的角度入手研究发现过度的弹出式主动推荐会引发消费者的心理抗拒进而产生消极后果。Fitzsimons 和 Lehmann（2004）发现未经请求的建议也会导致抗拒，并使用户忽略网站中的推荐。Reinhard 等

(2006）在 TAM 理论的基础上，以心理抗拒解释了用户对个性化服务产生消极情绪的原因。国内有学者从心理抗拒的视角对当前网络应用中的若干问题展开了讨论，王艳萍、程岩（2013）从他人参考和时间压力两个角度实证分析了在线主动式推荐对消费者接受意愿的影响中心理抗拒的作用；万君等（2014）则从心理抗拒的视角分析了以弹窗方式出现的在线客服主动式的购买推荐会引发消费者的消极反应。

社会化电子商务模式的核心是发挥社交关系对商务消费的促进作用，而当前我国社会化电子商务应用的主要方式还体现在通过主动式的在线干预，尝试实现在线营销说服和导向，但如果这种引导和说服的过程、手段、强度不当，很容易激发消费者的说服知识形成说服抵制，而且说服抵制越强烈，越容易导致消费者对这种模式产生怀疑，前期对产品服务的价值感知结果因此大打折扣，持续使用的意愿也受到负面影响，无法实现对此模式的最终认可。因此，我们提出如下假设：

H4-5：社会化电子商务模式下的说服抵制将显著负向影响消费者的持续使用意愿。

同时，说服抵制的形成受到推广信息的可信度、强度和表现形式的直接影响，社会化媒体中过于频繁或者过于主动的商务信息推送容易使用户产生被强迫或者诱导的感受，从而激发劝说知识，形成说服抵制。其中，感知价值的大小将对营销抵制的触发有较大影响，对整个社会化电子商务推荐的价值感知越清晰、越肯定，越不容易产生抵制的情绪，而且感知价值中的功能性、享乐性和社会性层面对营销说服抵制的影响可能也不尽相同。

据此，我们提出如下假设：

H4-6：社会化电子商务模式下的感知价值将显著负向影响消费者的说服抵制心理。

H4-6a：社会化电子商务模式下的功能性感知价值将显著负向影响消费者的说服抵制心理。

H4-6b：社会化电子商务模式下的享乐性感知价值将显著负向影响消

第四章 社会化电子商务模式持续使用意愿形成过程研究

费者的说服抵制心理。

H4-6c：社会化电子商务模式下的社会性感知价值将显著负向影响消费者的说服抵制心理。

另外，社交化的分享、推荐与引导会降低信息获取成本和不确定性，改善决策水平。消费者的说服抵制激发过程中，如果消费者具备熟练驾驭社会化电子商务模式、较为熟悉应用整个流程的能力，就能形成较有效的甄别，从而减少对强迫或者误导的心理想法，减少说服抵制的影响。对这种能力的认知即消费者对社会化电子商务模式的自我效能感，效能感越强，说服抵制越弱。因此，我们提出假设：

H4-7：社会化电子商务模式下自我效能感将显著负向影响消费者说服抵制心理。

基于上面的分析，我们从消费者自身认知出发，选取一般自我效能感作为认知的前置要素，将社会化电子商务的三类感知价值作为认知的表征，选取社会化电子商务模式自我效能感和说服抵制作为预期过程的表征，以持续使用意愿为最终行为，构建认知—预期—意愿整体概念框架，如图4.1所示。

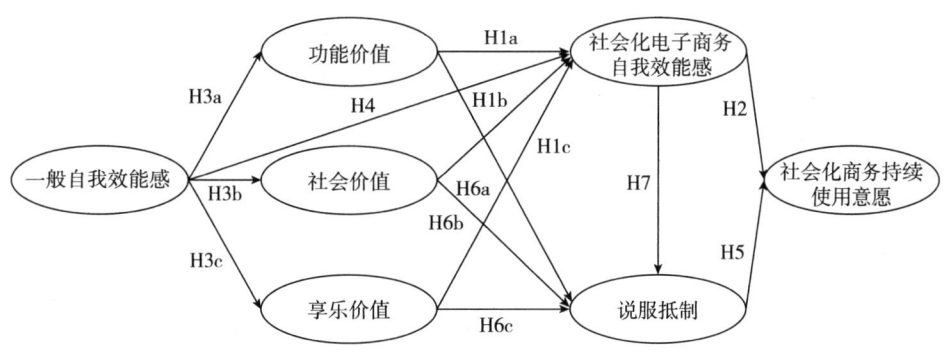

图4.1 社会化电子商务持续使用意愿形成过程概念模型

121

二、研究设计

(一) 问卷设计

为验证上述假设,我们通过调查问卷进行实证分析。问卷主要包含三部分内容:第一部分是对研究问题的简单介绍,指出了当前社会化电子商务模式的含义,并对后续的问卷填写进行了说明。第二部分是被调查对象的个人特征和网络应用经历的调查,在人口统计特征中涉及了性别、年龄、教育程度等问题,添加了常用的社交工具(社区)、社交网络应用频率、网上购物频率等题项,帮助进行样本筛选。第三部分为测量主要构念(一般自我效能感、感知价值、社会化电子商务情境下自我效能感、说服抵制和持续使用意愿)的量表。

作为传统电子商务模式的衍生阶段,当前专门针对社会化电子商务情境下感知价值到持续使用过程的成熟测度量表较少,因此,本书在设计上参考当前关于网络购物、社交应用、网络支付等相关领域的较为成熟通用量表为基础,在对核心概念进行介绍的基础上,加入了社会化电子商务特征,体现应用情境的差异。其中:

(1) 对于感知价值的测度方面,大家使用最多的是 Davis(1989)关于感知价值三个维度的划分和测度选项,其量表设置已经被 Seltzer(1983)、Sweeney 和 Soutar(2001)、于春玲等(2012)等证明,对网络环境下信息产品和创新应用的价值感知和接受问题具有较强的测度效果,因此本书参考其量表,测度社会化电子商务情境下消费者三类感知价值的情况。

(2) 使用意愿对行为的决定性影响已经得到反复的验证,多数文献的测度题项都很近似(Petrick, 2003),社会化电子商务模式的持续使用意愿主要体现在消费者对该模式中将产品、服务的商务需求与社会化网络与社交资源进行综合应用的认可程度，因此，本书选用 Petrick（2003）关于网络银行持续使用意愿的三个题项为基础测度。

（3）说服抵制体现了社会化电子商务模式下消费者对营销说法的反应与心理抗拒，本书以 Edwards 等（2002）关于营销说服抵制和心理抗拒的量表为基础，参考当前关于个性化推荐引发心理抗拒的相关研究量表，进行比较扩充，形成四个最终的测试题项。

（4）Riggs 和 Knight（1994）的相关研究是自我效能感测度的基础，本书引用其通用测度量表测量消费者的一般自我效能感，而社会化电子商务情境下自我效能感主要参考 Saji（2007）关于电子商务环境下自我效能感的测度变量，并结合情境差异进行了修改，最终用 4 个题项进行测度。

所有变量测度均采用 5 级 Likert 打分法衡量，分别以 1 分至 5 分标示测量值，分别代表非常不同意、不同意、不确定、同意和非常同意 5 个层次。采用完成设计后通过预调查试做的方式，根据反馈的结果对问卷进行了修正，各删除了一般自我效能和社会化电子商务自我效能感中的一项测度项（zwxn1，ssxn3），修改了个别题项的表述方式和测试的顺序，最后形成正式问卷在线发放，如表 4.1 所示。

表 4.1 最终变量测度值

潜在变量	测度变量		参考出处
一般自我效能感	zwxn2	只要我努力总能解决一些棘手的问题	Riggs 和 Knight（1994）
	Zwxn3	当我面临困难时，我能找出几个解决方案	
	Zwxn4	生活中我具有解决突发事件的能力	
	Zwxn6	只要我愿意，别人能做到的我努力也能做到	
功能价值	gnjz1	我认为这是一种非常方便的购物方式	Davis（1989）、Pavlou（2006）、Sweeney 和 Soutar（2001）
	gnjz2	基于社交圈子或者兴趣圈的引导，可以提高我的购物效率	
	gnjz3	基于社交圈子或者兴趣圈的引导，可以让我买到更好性价比的产品	
	gnjz4	这是一项非常有用的购物方式	

续表

潜在变量	测度变量		参考出处
社会价值	shjz1	利用这种模式购物能够体现我敢于尝试创新应用的意识	
	shjz2	这种模式会是未来应用的主流，使用它是潮流和时尚的体现	
	shjz3	使用这种方式可以得到朋友的更多赞许	
	shjz4	使用这种模式可以获得较好的公众形象，获得更多的社会认同感	
享乐价值	xljz1	这种方式对我而言是很刺激、很有趣的	
	xljz2	这种购物方式会增强我购物的愉快感受	
社会化商务自我效能感	ssxn1	基于社交圈的购物模式购物操作简单，学习成本较低	Saji（2007）
	ssxn2	我能够熟练应用这种社会化商务模式，并从中获益	
	ssxn4	根据我的能力，我能够克服使用这种社会化商务模式的问题，获得更好的产品	
说服抵制	sfdz1	基于社交圈子的产品和购物推荐让我产生强迫接受的感觉	Edwards 等（2002）
	sfdz2	社会化商务模式中有很多无用，烦琐的信息影响了我的购物体验	
	sfdz3	社会化商务模式推荐链接的可信度较低，安全不能保证	
	sfdz4	社会化商务模式会诱导我放弃最适合我的购买方案	
持续使用意愿	syyx1	我会持续使用基于社交圈购物的方式	Petrick（2003）
	syyx2	我会在未来加大使用此模式购物的频率	
	syyx3	我会向我的朋友推荐此模式一起使用	

（二）数据收集

问卷调查主要借助专业在线平台设计完成后，通过线上线下结合的方

第四章 社会化电子商务模式持续使用意愿形成过程研究

式进行问卷发放和回收,历时 3 个多月的时间,共获得原始问卷 1008 份,总体样本统计情况如表 4.2 所示,其中:

表 4.2 样本特征情况统计（N = 1008）

测度项	分类	样本数（个）	样本比例（%）
性别	男	582	57.7
	女	426	42.3
年龄	20 岁以下	165	16.4
	20～30 岁	364	36.1
	30～40 岁	292	28.9
	40 岁以上	187	18.6
学历	专科及以下	524	51.9
	本科	324	32.1
	硕士	123	12.4
	博士及以上	37	3.6
职业	学生	299	29.7
	上班族	251	24.9
	自由职业者	272	26.9
	退休	41	4.1
	其他	145	14.4

1. 在性别和年龄方面

在调查样本中男女比例为 57.7∶42.3。在样本的年龄结构方面:以 40 岁以下用户为主,占总样本的 81.4%,其中 20～30 岁,占总样本的 36.1%,30～40 岁,占总样本的 28.9%。样本性别比例、年龄结构与中国互联网中心（CNNIC）统计的整体网民的比例、机构基本一致(52.6∶47.4,73%)。

2. 在学历方面

样本中本科及以下用户比例为 84%,其中专科以下 51.9%,样本中本科以上学历水平略高于网络用户总体学历水平比例,在职业结构中,学生占总样本的 29.7%,工作人员占 51.8%,其中,上班族占总样本的

24.9%，自由职业者占 26.9%。学历和职业结构也与当前网民和社交用户比例相符。

3. 其他基本情况统计

97.17% 的被调查对象经常使用社交网络，98.59% 的调查对象经常网上消费，其中超过 70% 的用户具有点击社交网络内链接或社交网络上获取产品信息进行消费的经历。在最常使用的工具中，85% 的被调查对象使用 QQ 空间，67.5% 使用微信，微博用户占 57.67%，说明样本用户对所调查对象和问题都比较熟悉，调查结果具有一定的代表性。在此基础上，对在线回答时间过短和主要选项回答重复度过高的问卷进行了排除，共删除质量较低问卷 89 份，得到最终有效问卷 919 份。

三、实证检验

（一）问卷数据基本检验

1. 检验各个测度题项的负载问题

初步进行信度检验，参照 Hair 的研究，需要利用主成分分析和最大方差旋转进行探索性因子分析，根据主要因子的解释程度和各个因子的负荷情况进行具体检验。经计算，本样本数据 KMO 值 0.953（见表 4.3），适合做主成分分析，如表 4.4 所示，提取 7 个变量因子，解释了总体方差的 73.5%，除一般自我效能感一个题项（zwxn5）的负载值较小（0.397）（见表 4.5）予以删除外，其他测度项在相关因子上的负荷均大于 0.5，不存在多个因子上交叉负载较高的情况，第一公因子解释方差比例 16.9%（<20%），可以忽略共同方法偏差的影响。

表 4.3　KMO 测度值

对象	KMO 值	近似卡方	df	Sig.
	0.953	14067.515	300	0.000

表 4.4　方差负载值

成分	初始特征值			提取平方和载入			旋转平方和载入		
	合计	方差的%	累积%	合计	方差的%	累积%	合计	方差的%	累积%
1	10.582	42.327	42.327	10.582	42.327	42.327	4.221	16.883	16.883
2	2.367	9.467	51.794	2.367	9.467	51.794	3.503	14.012	30.896
3	2.089	8.357	60.152	2.089	8.357	60.152	3.028	12.114	43.009
4	1.075	4.300	64.451	1.075	4.300	64.451	2.672	10.690	53.699
5	0.923	3.693	68.145	0.923	3.693	68.145	2.342	9.366	63.065
6	0.707	2.829	70.973	0.707	2.829	70.973	1.737	6.947	70.012
7	0.631	2.522	73.496	0.631	2.522	73.496	0.871	3.483	73.496
8	0.540	2.160	75.655						
9	0.520	2.079	77.735						
10	0.487	1.946	79.681						
11	0.471	1.882	81.563						
12	0.446	1.783	83.346						
13	0.421	1.684	85.030						
14	0.404	1.616	86.646						
15	0.392	1.568	88.213						
16	0.357	1.429	89.643						

表 4.5　旋转因子负载值

变量	成分						
	1	2	3	4	5	6	7
gnjz1	0.276	0.209	0.229	0.682	0.172	0.052	0.011
gnjz2	0.320	0.150	0.175	0.716	0.144	0.131	0.027
gnjz3	0.278	0.211	0.107	0.676	0.159	0.172	0.246
gnjz4	0.414	0.118	0.166	0.646	0.121	0.292	0.027
shjz1	0.613	0.192	0.139	0.307	0.169	0.122	0.121

续表

变量	成分						
	1	2	3	4	5	6	7
shjz2	0.560	0.179	0.196	0.382	0.093	0.221	-0.053
shjz3	0.785	0.074	0.123	0.205	0.104	0.164	0.029
shjz4	0.828	0.080	0.128	0.161	0.141	0.066	0.033
xljz1	0.800	0.095	0.106	0.121	0.071	0.121	0.118
xljz2	0.726	0.139	0.112	0.238	0.105	0.202	0.067
ssxn1	0.195	0.304	0.139	0.230	0.780	0.148	0.031
ssxn2	0.248	0.307	0.091	0.148	0.771	0.251	0.028
ssxn4	0.102	0.237	0.252	0.128	0.799	0.075	0.054
syyx1	0.283	0.450	0.172	0.208	0.211	0.551	0.075
syyx2	0.356	0.297	0.130	0.251	0.201	0.664	0.014
syyx3	0.363	0.240	0.090	0.218	0.220	0.714	0.046
sfdz1	-0.097	-0.728	-0.220	-0.203	-0.178	-0.174	-0.001
sfdz2	-0.111	-0.823	-0.090	-0.142	-0.194	-0.128	-0.038
sfdz3	-0.128	-0.830	-0.097	-0.098	-0.188	-0.119	-0.044
sfdz4	-0.146	-0.844	-0.093	-0.117	-0.170	-0.107	-0.026
zwxn2	0.183	0.080	0.823	0.128	0.075	0.077	-0.069
zwxn3	0.143	0.071	0.779	0.133	0.111	0.086	0.205
zwxn4	0.138	0.122	0.770	0.052	0.097	0.130	0.127
zwxn5	0.221	0.073	0.397	0.166	0.078	0.056	0.826
zwxn6	0.069	0.200	0.734	0.214	0.160	-0.033	0.094

2. 在效度检测方面

各变量的测度原始量表都是以国内外已有成熟量表为基础进行的修正，具有较好的内容效度。验证性因子分析结果如表4.5所示：所有潜在变量测度指标的标准化因子负荷均大于0.5，潜变量与题目之间的路径在0.001水平（$P<0.001$）下显著，说明量表具有较好的收敛效度，各变量测度项的AVE值均大于0.5，表示具有较好的聚合效度。另外，CR值均大于0.7表示量表能够较一致地解释潜在变量，具有较好的建构信度。

3. Alpha 信度系数判断结果

一般自我效能感和社会化电子商务自我效能感的 Cronbach's Alpha 值分别为 0.837 和 0.882，感知价值的 Cronbach's Alpha 值 0.917，说服抵制的值 0.892，持续使用意愿的值 0.843，各潜在变量的 Cronbach's Alpha 值均大于 0.7，说明问卷的信度较好，具有较好的一致性和稳定性，如表 4.6 所示。

表 4.6 变量信度效度值

测试变量	测度项	标准负载	t 值	Cronbach's Alpha 值	CR	AVE
一般自我效能感（zwxn）	zwxn2	0.764	21.417	0.837	0.840	0.567
	zwxn3	0.783	22.144			
	zwxn4	0.735	—			
	zwxn6	0.729	20.313			
功能价值（gnjz）	gnjz1	0.723	—	0.849	0.848	0.585
	gnjz2	0.780	21.680			
	gnjz3	0.753	21.229			
	gnjz4	0.801	22.375			
社会价值（shjz）	shjz1	0.699	—	0.847	0.827	0.545
	shjz2	0.690	21.171			
	shjz3	0.779	23.378			
	shjz4	0.779	23.090			
享乐价值（xljz）	xljz1	0.811	—	0.786	0.785	0.646
	xljz2	0.796	23.231			
社会化电子商务自我效能感（ssxn）	ssxn1	0.874	—	0.882	0.876	0.703
	ssxn2	0.888	35.251			
	ssxn4	0.747	27.396			
说服抵制（sfdz）	sfdz1	0.767	26.467	0.892	0.890	0.670
	sfdz2	0.830	—			
	sfdz3	0.831	29.532			
	sfdz4	0.845	30.167			

续表

测试变量	测度项	标准负载	t值	Cronbach's Alpha值	CR	AVE
持续使用意愿（syyx）	syyx1	0.802	—	0.843	0.840	0.636
	syyx2	0.802	24.679			
	syyx3	0.789	24.466			

（二）假设检验

在样本数据分析的基础上，借助AMOS17.0对潜变量进行结构方程分析，路径假设检验结果如图4.2所示，结果显示，在卡方值和模型拟合指标 $[\chi^2(237) = 1244.154; \chi^2/df = 5.25; GFI = 0.895; RMR = 0.120; CFI = 0.926; NFI = 0.910; TLI = 0.913; RMSEA = 0.068]$ 中，除RMR（<0.08）低于建议值但仍在可接受范围之内外，其他指标值均优于理想值，表示数据和模型之间达到了较好的拟合优度，假设检验的结果可以被接受，模型中各项假设路径的检验结果和标准化路径系数如表4.7所示：

表4.7 模型假设检验结果

假设			标准化路径系数	t值	P	是否支持
H4-1a：ssxn	<---	gnjz	0.390	4.263	***	支持
H4-1b：ssxn	<---	xljz	0.026	0.175	0.861	不支持
H4-1c：ssxn	<---	shjz	0.172	1.009	0.313	不支持
H4-2：syyx	<---	ssxn	0.468	11.355	***	支持
H4-3a：gnjz	<---	zwxn	0.594	13.552	***	支持
H4-3b：shjz	<---	zwxn	0.565	12.832	***	支持
H4-3c：xljz	<---	zwxn	0.492	11.772	***	支持
H4-4：ssxn	<---	zwxn	0.153	3.286	0.001	支持
H4-5：syyx	<---	sfdz	-0.415	-9.680	***	支持
H4-6a：sfdz	<---	gnjz	-0.322	-4.009	***	支持
H4-6b：sfdz	<---	shjz	0.205	1.279	0.201	不支持
H4-6c：sfdz	<---	xljz	-0.162	-1.205	0.228	不支持
H4-7：sfdz	<---	ssxn	-0.504	-11.537	***	支持

第四章 社会化电子商务模式持续使用意愿形成过程研究

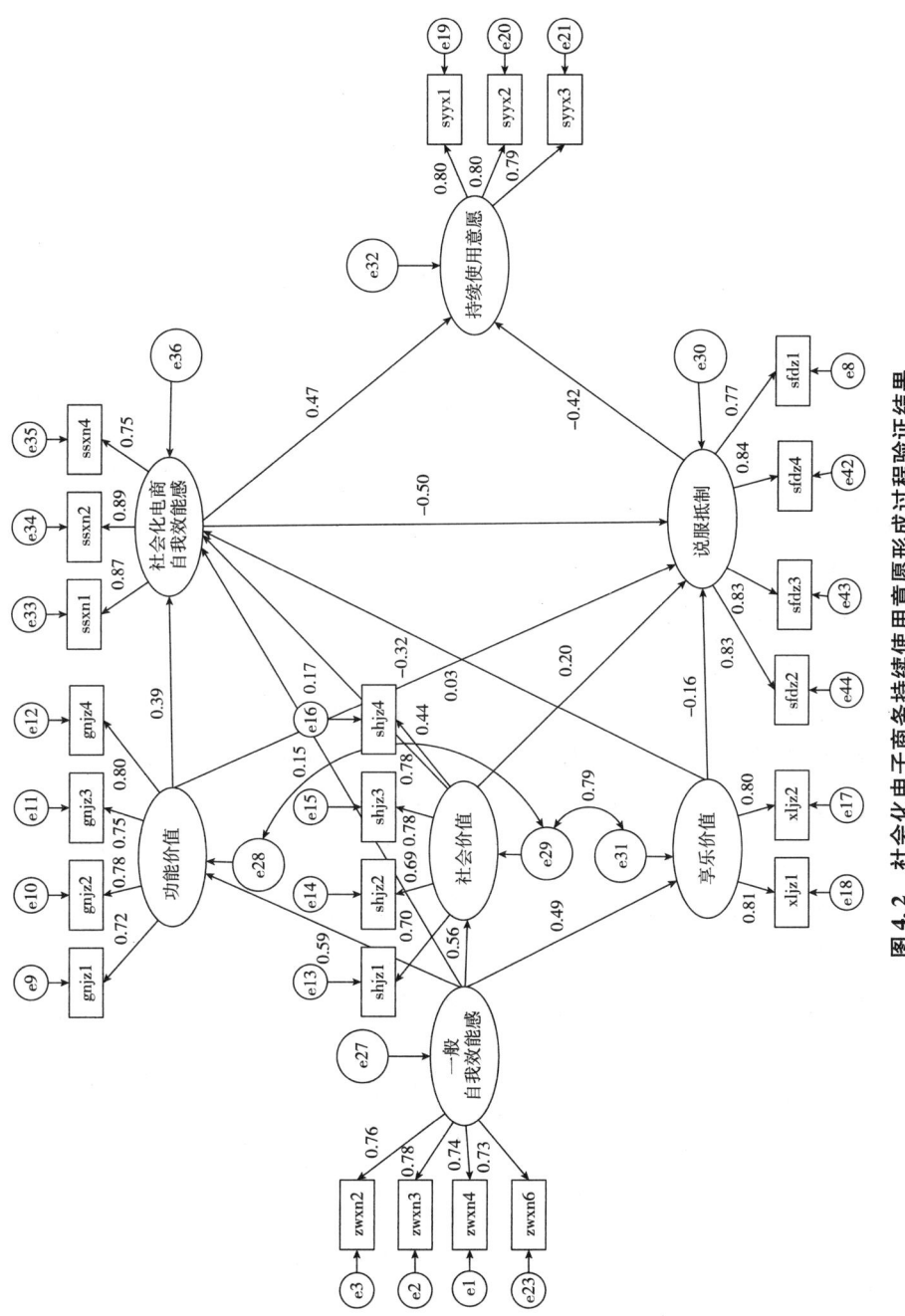

图 4.2 社会化电子商务持续使用意愿形成过程验证结果

四、研究结果

从检验结论看，本书假设模型中的 H4-1a、H4-2、H4-3、H4-4、H4-5、H4-6a 通过检验，验证结果显著，其余假设检验结果不显著。其中，功能价值对社会化电子商务情境下自我效能感具有显著的正向影响，社会价值和享乐价值对其影响未通过检验，因此，H4-1 假设仅得到部分支持。从中可以看到，与关注自我价值体现和过程体验的两类感知价值相比，不论从影响系数还是显著性看，功能性价值、实用性价值对消费者驾驭社会化电子商务模式信心的影响程度更为显著。

社会化电子商务自我效能感对最终持续使用意愿具有显著的正向影响，假设 H4-2 得到验证支持。而一般性自我效能感对感知价值三个维度（功能价值、社会价值和享乐价值）都具有显著的正向影响，同时，一般性自我效能感对社会化电子商务情境下自我效能感的直接正向作用同样也通过了验证，假设 H4-3 和 H4-4 得到完全支持，体现了消费者自身的总体自信心即一般自我效能感作为前置变量，对社会化电子商务模式下不同类型价值感知和此情境下的自我效能都有重要的影响作用。

说服抵制对持续使用意愿具有显著的负向影响，假设 H4-5 得到了验证。说明在社会化电子商务模式下，分享、推荐等商务引导活动方式、强度不当产生的消费者抗拒是直接削弱消费者持续使用意愿的重要因素。

在本书研究框架中，预期要素受到前置的认知因素的影响，即消费者对社会化电子商务模式不同维度的感知价值都可能削弱消费者说服抵制，从研究结论看，感知价值中功能价值对削弱说服抵制具有显著影响，社会价值和享乐价值对说服抵制的影响不显著，假设 H4-6 仅得到部分验证。而体现两类预期要素关系的假设即社会化电子商务环境下自我效能感与说服抵制关系验证中,自我效能感对说服抵制有显著的负向作用,假设H4-7得到了验证。

进一步分析可以看到:

首先,从社会化电子商务模式的价值感知到消费者持续使用意愿的过程中,自我效能感和说服抵制共同解释使用意愿近60%的方差,影响作用明显,标准化路径系数比较显示,自我效能感的正向作用略大于说服抵制的负向抵消(0.47>0.42),体现了消费者从感知到最终行为过程中,个人心理特征和心理判断的重要作用。

其次,新模式下的感知功能价值和自我效能感都对说服抵制产生了较强的削弱作用,两者能够解释说服抵制的45.9%的方差变异量。其中,自我效能感比功能价值的影响更大(0.50>0.320),体现了消费者掌握新模式的自我认知对消除模式推广中的抵制有重要意义。

再次,一般自我效能感和社会化电子商务情境下的自我效能感在整个模型中的逻辑和作用都不同,一般自我效能感是消费者对自身的总体认知,是消费者认知各项新应用、新模式的基础,对社会化电子商务模式的感知价值有显著影响(0.594、0.565、0.492),同时作为从一般到具体情境的延伸,其对社会化电子商务自我效能感的直接影响同样显著(0.153)。社会化电子商务模式下的自我效能感则是对新模式的自我预期,受到感知价值和一般自我效能感的双重影响。其中,一般自我效能感通过功能价值对其产生的间接影响要高于一般自我效能感的直接影响(0.232>0.153),体现了价值感知在消费者信心确立和行为意愿形成过程中的重要作用。

最后,感知价值的不同维度影响作用不同。功能价值对自我效能和说服抵制都有显著的影响,从而间接影响了持续使用意愿,说明在当前网络商务应用中务实的消费倾向。在社会化电子商务模型中,社会价值和享乐价值对自我效能感和说服抵制的影响都没有通过检验,而体现自我价值和消费享受和全新体验一直是社交类应用和网络购物追求的核心价值,但却在社会化电子商务模式的应用中没有体现相应的影响,这充分说明了当前社交购物等社会化电子商务模式应用中对社会性和享乐体验性因素的体现和应用不够，严重地制约了消费者对该模式的接受和认可，如何增强消费者此两方面的价值感知对完善社会化电子商务模式至关重要。

五、讨 论

（一）主要结论

从消费者对社会化电子商务模式形成的各类感知价值到消费者接受整合模式并持续使用形成良性循环的过程中：

第一，从社会化电子商务模式的价值感知到消费者持续使用意愿，自我效能感和说服抵制起到了共同的中介作用，自我效能感显著正向影响持续使用意愿，而说服抵制起到显著负向作用；其中自我效能感的影响大于说服抵制，且对其有一定消解作用。

第二，一般自我效能感和社会化电子商务模式下的自我效能感在整个模型中的逻辑和作用各不同，一般自我效能感对社会化电子商务感知价值的三个维度都有显著的正向影响，而社会化电子商务模式下的自我效能感在感知价值和持续使用意愿中起到中介作用，显著正向影响最终意愿。

第三，社会化电子商务模式下的感知功能价值和自我效能感都对说服抵制产生了较强的削弱作用。感知价值中社会价值和享乐价值对社会化电子商务模式自我效能感和说服抵制的影响作用都不明显，体现了不同感知价值维度影响和作用的差异。

（二）管理启示

社会化电子商务环境下实现从感知价值到持续使用意愿的有效转换是

第四章 社会化电子商务模式持续使用意愿形成过程研究

保障社会化电子商务模式顺利运行,实现消费者主导的价值共创的关键环节,基于此过程的作用机理的分析,特别是参与者内在心理驱动机理的分析有利于挖掘消费者持续使用意愿形成的关键因素,厘清消费者将社交价值与商务价值转化后心理变化将有利于从事社会化电子商务运营的企业有针对性地设计管理策略,从而保障社会化电子商务模式价值目标的更好实现。自我效能感和说服抵制关系及作用的探讨与验证有利于运营商调整策略,以实现精确营销,通过分阶段、分层次地提高用户在该领域系列产品的自我效能感从而能增强推广效果。同时,注意调整产品的推广方式、强度等方面内容,减少说服抵制的负向作用,最终为社会化电子商务模式的完善提供有益的参考。具体而言:

1. 有效提高消费者新模式下的自我效能感,促进社会化电子商务模式的应用效果

鉴于自我效能感对持续使用意愿的显著正向影响,有效地提升消费者新模式下的自我效能感对促进社会化电子商务的应用至关重要,一般自我效能感对感知价值和社会化电子商务自我效能感的显著作用也为我们梳理了提升的路径。亲身体验、替代经验和言语劝导是比较公认的提升消费者自我效能感的重要途径,特别是对没有新模式购物经验消费者而言,应充分利用社交网络中替代经验部分,通过对意见领袖或者朋友的应用经验进行宣传推广,提升新进入者的自我效能感。而在推广内容方面,感知价值对自我效能感的影响结果显示,功能性价值是正向影响最为显著的部分,因此在引导上应充分体现功能性和实用性的特征。

2. 分析引起说服抵制的原因,促进消费者持续使用意愿的提升

说服抵制对消费者持续使用意愿的影响仅次于自我效能感,有效分析引起说服抵制的原因有利于持续使用意愿的提升。在感知价值到意愿的传递途径中,功能性价值和消费者自身效能感的提升将有效削弱说服抵制的程度,因此要求在社会化电子商务推广中注意功能价值和消费者自我效能感的提升。另外,在影响说服抵制的因素中,说服信息的可信度以及消费者对这些信息的信赖程度影响较大,因而营销推送的信息应尽量选择具有

代表性、权威性和影响力的观点,或者与消费者关系密切的真实社会关系的意见,从而更有利于削弱说服抵制。同时,信息推送的时间、强度和频率以及推送方式不当都会激发说服抵制,需针对不同类型人群设计较合适的推送体系,才能实现较好的效果,避免出现因为方式和强度不当造成消费者心理抗拒,从而放弃原本较好的商务应用的过程。

3. 注重多项感知价值的平衡引导,提升消费者价值感知

社会价值和享乐价值对自我效能感和说服抵制的影响都未通过检验,体现出自我价值和消费享受一直是社交类应用和网络购物中追求的核心价值,但在社会化电子商务模式的应用中没有体现出相应的影响,这充分说明当前社交购物等社会化电子商务模式中对于两类价值的应用仍不明显,未来应用中需在商业营销和兴趣聚合导向中找到平衡,将通过兴趣分享后被动式激发购买和主动营销促进购买的行为结合,克服单纯过多的广告营销对消费体验方面的损害,以提升模式的应用空间。

六、本章小结

本章从消费者心理预期和认知能力的视角出发,探讨自我效能感和说服抵制对消费者持续使用社会化电子商务模式的影响和作用机理,建立了从感知价值到持续使用意愿的认知—预期—意愿概念模型,并通过问卷调查收集数据对概念模型进行了检验。研究结果显示:自我效能感和说服抵制在消费者从社会化电子商务模式的价值感知到持续使用意愿形成过程中起到了共同的中介作用,其中自我效能感的正向作用略大于说服抵制的负向影响;感知价值和自我效能感都对说服抵制有较强的削弱作用,其中感知价值的各个维度的影响作用存在不同,消费者一般自我效能感对社会化电子商务感知价值和此模式下的自我效能感都有显著的正向促进作用。

第五章
社会化电子商务模式全过程交互的价值共创实施策略

价值共创思想突出强调消费者体验价值的核心地位，社会化电子商务模式的价值核心是将社会化媒体资源与商务应用结合，为消费者提供满足社交需求和商务需求的双重体验。体验的形成过程是在企业—消费者全过程交互中实现价值共创的结果。企业的网络平台为两者交互提供了统一界面，但从消费者前期引导到最终形成共创的过程中，不同时期两者资源交互关注的重点存在差异：①企业提出将商务应用与社交应用结合的价值主张阶段，关键问题应该是如何有效地对消费者进行前期引导，实现消费者两种价值感知有效结合和对接，将消费者接受企业的社交应用拓展为"社交+商务"的模式，或者在单纯的商务应用转换为商务→社交→商务的整合流程中，增强消费者体验。②在企业提出核心价值主张后，社会化电子商务模式关注消费者的使用中期和后期问题，核心是消费者对企业整合模式的持续使用问题，强调如何通过使用过程的推荐和支持，保证消费者积极参与到整个应用流程中，重复性使用形成忠诚，并通过后期多样化的社区平台，进行主动分享和口碑宣传，从而形成良性循环。

全过程交互是保障参与方充分沟通并实现资源共享的必备途径，在消费者主导的社会化电子商务模式下，只有针对消费者不同时期的特点采取针对性措施，才能最大限度地促进消费者与企业的资源交互，从而有效挖掘社交资源的价值、优化商务过程，实现最终的价值共创过程。因此，本章在前三章研究的基础上，从前期接触激发→中期推荐支持→后期分享传播价值共创形成过程入手，探讨初始价值到拓展价值的引导、消费者综合使用以及后期体验分享过程中，实现社会化电子商务模式全过程交互的实施策略。

一、接触和激发期的实施策略

社会化电子商务模式价值共创的前期接触和激发期主要是企业价值主张的酝酿阶段：首先，企业应剖析社会化电子商务模式价值共创的关键点；其次，需要厘清企业和消费者在价值共创中的目标的追求过程和相互协作关系；最后，结合企业自身特点，提出社交与商务应用整合的整体构架，设计以消费者为核心的全过程关键流程，为实现商务资源和社交资源的有效整合提供准备。

（一）明确社会化媒体和电子商务整合发展的动机

互联网时代，消费者的角色正在发生转变，从被动接受产品转为主动参与企业的生产和销售等过程。个性化定制、团购、O2O等消费者参与成为当前主要发展趋势，社会化电子商务模式就是企业为迎合这一发展趋势进行的积极改变。

社会化媒体和电子商务平台有效整合有助于企业精准营销，迎合消费者决策的变化，最大化企业的价值，帮助其在激烈的竞争中立足。从社会化电子商务模式的全流程看，社会化资源与商务需求的整合与交互主要体现在商务需求前有效引导，商务过程中的信息交互与推荐及商务需求后的评价与分享的不同阶段。其中，流量导入重点体现通过社交资源的聚合，特别是社会网络中用户间的口碑影响，使更多用户介入商务应用中；信息交互是指在网络购物整个过程中，通过社交方式的信息交流和有效的个性化推荐，消除用户的不确定性，提高购物的效率。这些都尝试改变传统电子商务侧重即时性销售的特征，强调通过整个社交网络资源创造商务价值。

企业通过社会化媒体的用户生成内容和关系资源的信息与商务交易信息的融合，精准营销，提供个性化推荐，为消费者提供满意的产品和服务。企业和消费者全过程资源交互共同合作，完成最终的价值共创，促进社会化电子商务模式良性循环。消费者因为企业提供的支撑，主动参与和分享，获得更好的体验价值；企业因为消费者的参与和肯定，缩短了设计、生产、运输、销售等周期，提升商业运转效率，实现了商业价值增值。

（二）树立消费者在价值共创中的主导地位

虽然企业应用社会化电子商务模式主要是为了探求更高的利润增长点，但这种整合发展的前提是能够迎合消费者主导的商务模式，必须保证消费者体验至上。如果整合应用不仅没有提升用户体验，反而破坏了原有的用户体验的话，那么结果只能适得其反。

企业在社交媒体和电子商务整合过程中必须树立消费者在价值共创中的主导地位。在社会化电子商务模式价值共创过程中，消费者的积极参与和互动会给企业带来更多潜在客户、节省宣传和售后成本、加快客户转换，增加企业收益。因此，企业需要激发消费者参与价值共创的积极性，将消费者社会化资源的运营和管理纳入企业日常经营管理中，增加相关技术和人员的投入和支持，努力提高消费者体验，促使他们更愿意与企业交互，参与价值共创。

第一，为消费者提供舒适与方便的沟通渠道，方便他们能够随心所欲地创造和传播内容，以此将其对社交媒体交互性的感知提升。企业需要充分挖掘不同类型社交媒体在消费者沟通中的作用，在为消费者搭建良好的多渠道虚拟品牌社区互动平台。企业自身不仅需要注重其与消费者建立良好的社会关系，并且逐步增强这种关系，还需要通过有关政策和制度对消费者之间的交互行为进行管理，注重互动平台的质量和安全，为消费者沟通提供便利。同时，企业可以将线上发布、推送与线下活动相结合，如组织与产品或者企业文化相关的文化沙龙、休闲活动等，增加消费者线上和线下的互动体验。保持沟通渠道的畅通和安全，提升消费者的交流体验。

第二，为消费者提供精准、贴心的个性化服务，满足消费者的多样化需求，从而提高消费者的心理满足感。企业要根据消费者参与社会化电子商务模式价值共创中的不同行为表现，有针对性地挖掘不同类型消费者的行为偏好，为每位顾客提供定制化的信息，从而更有针对性地帮助他们实现目标。在个性化推荐时，不仅是产品的个性化推荐，即结合消费者的需求，从质量、功能和外观等方面推荐匹配的产品，更重要的是推荐与目标消费者价值观相契合的产品，传递产品的内在精神，如时尚、有责任感、正义感、追求卓越等。通过个性化推荐和互动，增强消费者的参与感。

第三，为消费者提供参与产品交互、设计、体验、制造的全过程的服务，增强消费者自身的能力感及归属感。企业通过与消费者的互动，引导消费者参与企业的设计、生产、销售等过程，根据消费者的需求进行产品营销。同时，企业也注重引导消费者将其感觉有参考价值的产品信息或者消费感受提供给社区中的其他成员，从而增强广大消费者之间的交流互动。注重消费者参与过程的多渠道化，增强消费者对企业的认同感。

（三）探索适合自身特点的平台资源整合路径

无论是电子商务向社交的拓展还是社交媒体向电子商务的跨越，均涉及寻找适合的整合路径，在保持原有用户体验的基础上进一步拓展，以及如何实现消费者从尝试这种整合到接受并能够持续使用的问题，如果这些问题不能解决，就无法保证其社会化电子商务模式的长期有效运转。

1. 在电子商务向社交媒体的整合中，重点提高消费者安全感和信任度，打造围绕商务运转的社交媒体平台

电子商务中的社交资源引入主要是通过借助社交等社会化资源，减少消费者购物过程中的选择困难，强调社交资源对商务的优化作用。在这种

第五章 社会化电子商务模式全过程交互的价值共创实施策略

类型的社会化电子商务中,电子商务平台通过一定的激励方式,将其已有的和潜在的消费者引入特定的社会化平台中,通过丰富营销手段的增多和信息获取方式,以此来增加广大消费者群体信任商家和商品的程度,通过引导示范促进用户的购买行为,最终达到增加销售的目的。提升社交功能是社会化电子商务网站的重要任务。除此之外,还需要强调其实用价值的意义,围绕此对社会化电子商务网站进行设计和开发,其中须特别注重不能够扰乱消费者的购物任务。

由于消费者在初始的商务平台应用中存在对资金安全性的警觉,风险感知度较高,从商务到社交应用的推广相对较难,消费者的警觉性使其参与交友、互动的动机较弱。因此,在电子商务向社交媒体的整合中,最主要的是在保障资金安全的同时增强消费者的安全感和信任度,另外,通过增加群体示范效应,用新奇、有趣、个性化等吸引消费者的参与和互动,实现较好的推荐效果和用户体验,增强用户黏性,逐步培养用户参与互动行为成为一种习惯。

2. 在社交媒体向电子商务平台拓展中应重点保护消费者隐私,优化电子商务平台建设

以社交方式为主要运作模式的社会化电子商务的核心是社交应用,商务是其流量基础上的延伸应用。为了深入挖掘社交网络潜在性的意义和价值,需要借助社交网络内部具备的用户规模与社交关系优势,提供多项电子商务的增值性服务或者建立与其相关联的业务。将不违背社交网络的初衷为前提条件,以社交网络方式为主要运作模式的社会化电子商务可以对社交网络中具备的所有开放平台、社交图谱以及用户资源等进行系统整合,并对其实行精确化的营销,以此利用各项社交资源帮助电子商务业务得到进一步的发展。

由于消费者在初始的社交应用中已经建立了社会关系,从社交到商务的转换是用户在社交基础上增加了商务需求,这种需求的叠加使消费者接受起来相对容易,但是如果这种商业行为在数量或程度上超出了用户的接受范围,感觉到个人隐私受到侵犯,不仅起不到商务的效果,而且还会让

社交媒体失去原有的价值。因此，在社交媒体向电子商务平台拓展中，在挖掘社交网络的潜在价值的同时，需要保障消费者的个人隐私，防止出现过度商务化影响原有用户体验导致的用户流失。

另外，这种整合发展需要投入更多的精力优化电子商务平台。社交媒体相对电子商务平台的设计和管理要简单，电子商务平台需要有集中垂直的市场、精准有效的管理运营。如果电子商务平台不够优化，单纯依靠流量转化为销售红利，流量的转化只能是短暂的、不可持续的。因此，怎样把社会化媒体带来的购买需求转化为方便快捷的购物经历和体验，是社交媒体向电子商务平台拓展中需要着重考虑的问题。通过优化电子商务平台，可在保证用户原有社交需要体验的基础上提升购物体验，通过推荐的精准性和购物的便捷性逐步形成用户的购买习惯。

（四）寻求盈利与用户体验的平衡点

无论社交到商务还是商务到社交，都面临着盈利和用户体验的平衡问题，需要保证跨平台发展中原有功能的核心地位。

电子商务向社交媒体的拓展不能干扰了消费者的购物任务。通过社交媒体互动增加消费者的购买是主要目的，因此，在设计和开发社交功能时，需要明显区别于以交友、玩乐为主的社交媒体特性，必须围绕提高用户的购物需求进行推广。

而社交媒体的商务化过程则不能失去用户原有的社交体验。以社交媒体为主的社会化应用最终的落脚点是利用用户使用黏性、借助用户生成内容（UGC）实现"流量变现"，这就迫使它们必须向商业化的方向发展，但过度的商业化必然会影响用户体验，必须在保证原有社交用户体验的基础上，适度推送商务信息，利润的获取不能以失去用户为代价。

在平衡盈利与消费者体验之间，消费者的价值感知起到主要的影响作用。需要解决的关键问题是实现消费者两种价值感知实现有效结合和对接，将消费者接受企业的社交应用拓展为"社交＋商务"的模式，或者从单纯的商务应用转换为商务→社交→商务的整合流程中，增强消费者体

第五章　社会化电子商务模式全过程交互的价值共创实施策略

验。在前期引导中，企业与消费者通过社交媒体交互，向特定目标用户群的定向宣传，结合品牌娱乐化，引起消费者产生兴趣，激发用户的潜在消费欲望，进而满足用户的情感交流、互动、娱乐、寻求兴趣同伴等消费者诉求，提供各种产品和服务，实现商务需求转化。因此，企业必须提高消费者的价值感知，在保证用户体验的同时，实现企业盈利的增长。

二、引导和推荐期的实施策略

社会化电子商务模式价值共创的引导和推荐期主要是企业提出将商务应用与社交应用结合的价值主张应用阶段，此时重点是充分利用消费者社会化资源，借助不同社会媒体平台，接触宣传消费者群体，实现商务需求的有效激发。根据前文关于社会化电子商务模式价值整合路径的研究发现，消费者社交需求和商务需求的整合路径不同，具体措施和侧重点有所差异，需要有针对性地进行引导。

（一）根据整合路径不同，对消费者进行差异化引导

社会化电子商务模式下的社交需求和商务需求的两种整合路径存在不同，需要差异化引导消费者使用拓展应用。

1. 基于社交的商务化延伸过程，注意社会性因素方面对消费者进行适度导向，尝试利用信任的传递功能，增强用户对拓展应用的价值感知

从社交到商务的整合路径中，社交的基础具有形成信任的优势，需要关注社交场景与线上线下商务需求的结合。例如，基于朋友圈形成的团购和资源共享的O2O应用等，应用中要注意社会性因素的适度导向作用，尝试利用信任的传递功能增强用户对拓展应用的价值感知。再如，借助朋友圈真实身份的保障，增强消费者的价值感知，但需要防止因为营销过度产

生的消费者心理抗拒等情绪，影响拓展的效果。同时，在涉及商务交易特别是资金支付等方面的应用时，现有的社会化影响的作用并不足以支撑消费者克服感知风险。因此，应加强自身产品差异化创新特性进而增强消费者的体验感知，巩固本身产品的品牌形象，加强官方社会化媒体平台方面的工作，抓好公众号、企业微博和企业品牌社区的建设，利用消费者对产品品牌信任的提升进而增强其对创新应用扩展的接受程度。

2. 基于商务的社交化引入过程，核心是利用社交达到聚合商务资源，重点引导消费者消除信任危机，形成消费者接受意愿

从商务到社交拓展的整合路径核心是形成商务→社交→商务的良性循环，产生利用社交达到聚合商务资源、消除信任危机、实现有效引导的目的。其优势在于良好的商务交易基础，可以较好地克服互联网领域的应用接受障碍，特别是关于移动端安全等基础保障设施的信任，这为开展其他相关活动奠定了良好的基础。其拓展的关键是在充分挖掘用户信任传递作用、提升口碑效应的同时，从用户价值入手，根据用户的使用场景和流程设计差异化的功能应用，避免同质化的竞争劣势，可以尝试基于地理位置服务（LBS）功能，以用户实时需求为切入，以商务的信用体系为保证，建立用户非结构化实时供需的有偿服务平台，或以线上兴趣性、游戏性的情景为依托，尝试与线下实际场景结合，构建兴趣型和实用型场景的应用，并以此为基础切入社交功能，打破纯商业化情景不利于强社交类活动开展的壁垒。

（二）关注消费者商务流程，适度设计主动化推荐

在消费者商务运作过程中，将不影响消费者的相应操作体验为基本前提，凭借植入与推荐手段实施并完成与他们的互动，并通过传播广告与举办社交媒体活动等方式增进消费者交流，以应对他们之间具备的不同个体特征和行为偏好等特质，从而提升广大消费者群体在商务操作过程中对涉及的品牌与商家的认可和了解。在此过程中，交互和推荐的信息呈现对消费者的价值感知影响较大，特别是信息的呈现模式、呈现频率和呈现方法（文字、

第五章 社会化电子商务模式全过程交互的价值共创实施策略

表格、图片、动画、多媒体等方式)。因此,在交互设计方面需要注意:

第一,商务平台在向消费者推送个性化信息时,应合理编排信息,考虑有针对性地推送呈现方法,合理搭配文字、图片和动态内容,力争达到个性化信息的简练、整洁以及方便搜索等优点,以此作为提高消费者的心理认同感、增强他们在购物消费过程中的愉快感、增强其购买意愿的有效渠道。

第二,通过拓展产品推荐渠道的方式,能够有效管理在商务运作过程中出现的多种个性化推荐方式,如推出以首页定制、推荐定制等为特点的多途径服务,或者将接收途径的方式以及接收推送的时间等方面交由消费者自身进行设置,从而最大化地实现商务运作过程中信息推荐的价值。

第三,合理的推荐时机和推荐强度对推荐的效果具有重要的影响,应针对消费者在线购物的阶段性划分,不同时期提供不同强度的针对性解释水平的信息,购物前期以激发和引导为主、中期适度营销、后期加强推广从而实现较好的推荐效果和用户体验。

(三) 突出个性化服务特点,增强消费者自我效能

社会化媒体的运营方需通过数据挖掘与数据分析,重新划分人群并施加影响力,更关注用户的需求心理和性格特征等因素,从而确定不同的营销定位,增强用户黏性,以达到最终的营销目的。对于比较关注产品或服务的群体,可以重点推送新品资讯、促销信息、特色服务等;对话题感兴趣的群体可以重点推送热点话题、企业故事等方面的内容。另外,可以尝试针对用户的性格特征提供不同形式和强度的主动推送,避免出现因为干预过度出现消费者说服抵制,从而实现最佳的效果。

为了实现线下好友强关系转移到线上环境数量的提升目标,企业可以有效地利用线下好友线上关联的途径,如针对用户来源、产品、主题、品牌、地域等要素,鼓励并指导消费者进行积极的互动、搜索以及参与,从而增强消费者群体交流互动的层次和深度。与此同时,通过与同一类产品相关联信息的系统整合,提高消费者群体感觉了解目标商品的能力。

三、分享和传播期的实施策略

消费者对企业整合模式的持续使用问题是社会化电子商务模式的核心,强调如何通过使用过程的推荐和支持,保证消费者积极参与到整个应用流程中,重复性使用形成忠诚,并通过后期多样化的社区平台进行主动分享和口碑宣传,从而形成良性循环。实现有效的价值引导后,需要关注消费者的使用过程。通过前文关于消费者对社会化电子商务模式持续使用意愿形成机理的探讨,从中可以看出,消费者多维感知价值是持续使用的基础,在应用过程中,心理预期和自我效能感知等起到重要作用,因此,此阶段注重双方互动的商务过程,根据消费者特征进行细化的推荐和决策支持,在提高其商务决策效率的同时提升消费者体验。

(一) 注重社交平台实际操作质量,凸显其自身的功能性价值

以企业搭建的主体为视角,通常情况下可将构建的虚拟社群方式具体划分为两种:一是依靠在网络内部呈活跃状态的广大消费者群体构建;二是企业以网站或者第三方平台等形式为依托,从自身出发搭建的新颖的虚拟品牌社群。因此要做到以下两点:

1. 注重互动平台的质量,提高群体认知度

作为用户与社会化电子商务最主要的互动环境,虚拟社区的好坏直接影响用户对共创价值的参与行为。社会化电子商务虚拟社区能够蓬勃发展的关键隐私,是为消费者在产品和服务方面提供有价值的信息,为消费者之间创造一种支持性氛围,让消费者融入社区之中,倡导消费者之间进行关于产品信息和消费内容的良性互动。同时,企业应对用户自生成内容进行有效管理监控,控制虚假信息、营销账号侵入,加强用户的信息素养,尽量减少低质

量垃圾信息的出现。可以利用建设真实社区环境的方式,来提高双方对彼此的信任度,利用整合榜单、专属热词、在线活动等方式,推动用户之间形成共同愿景与共同语言,借此来帮助消费者增加其对群体内部的认知度。

2. 加强与用户之间的交流沟通,明确用户在社区参与中的需求

通过为用户建立个性化展示平台等方式,创造消费者与社区之间的快关系,与此同时也能够提高企业的竞争力。快关系能够刺激消费者进行内容生成,提高潜在购买倾向。商家与社区用户之间建立快关系,能够增强两者之间的交流沟通,可以增加用户对社区平台和商家的信任感,让商家能够对消费者产生进一步深入了解,进而为消费者提供个性化的推荐内容,在增强用户体验的同时也为商家创造更大的经济效益。

(二) 增强多维感知价值,增加消费者的参与感

1. 提高消费者的临场感体验

社交媒体的出现,不仅扩大了消费者与平台之间的沟通途径,也极大地增强了消费者之间的交流。通过加强消费者与平台企业之间、消费者与消费者之间的信息沟通,可以准确把握用户特征,建立明确的用户画像。例如,可以根据用户兴趣爱好,建立不同的主题社区,加强用户对社区的归属感和参与意愿。社区平台应当从用户需求出发,完善社区功能,在提高用户忠诚度的同时,吸引更多的用户入驻社区,提高平台效益。

另外,针对用户在内容、交互等方面的需求,提供各种具有创新特色的工具,以满足用户的个性化需求,提高娱乐性体验。当前虚拟社区一般采用邮件、留言板、公告板等模式为用户提供交流沟通服务,在时效性和创新性方面差强人意,可以通过添加语音、图片、表情、在线视频等方式,提高用户之间沟通效率的同时,为用户提供一种有趣的交流体验,加强了社区用户归属感。

2. 商家应该将刻意培养意见领袖作为一项重要的任务,适时给予消费者激励

消费者的兴趣趋势应该被视为虚拟社区管理者的一大关注重点,共同

兴趣趋势可以激发消费者积极地在社区中与大家分享和交流其购买过或是偏好的商品信息，这可以大大节省其他用户的选购和比较的时间，对其他用户来说也是有益的。偏好和兴趣相同的用户可以根据分享的信息，迅速找到达人卖家并进一步与其进行沟通交流，在一系列的互动后相互之间建立信任关系，促成消费者的最终购买行为，也不乏成为达人卖家的忠实消费者或是该商品传播者的可能。

同时要注意消费者社区的趋势是不是与推广的营销策略相匹配，另外还要注重意见领袖的建议，社区讨论主题的新鲜度和持久性要保持在一定的水平。可以采取一些激励措施来提高消费者在社区中发起讨论话题，产品改进建议或创意竞赛的积极性。例如，采用提供物质奖励的手段，如现金奖励、产品赠送、优惠券和折扣、奖励虚拟货币等。

3. 消费者愿意参加虚拟品牌社区互动的推动力是能够得到同行的认可

同时荣誉激励也是非常有效的激励方法，因此可以完善晋升机制使成员得到现实的荣誉激励来达到预期的目标。还可以将不同成员给社区所做的贡献不同给予不同的积分奖励，再根据成员在社区中所获得的积分将成员设定成不同的级别。根据成员等级的差异设置不同的权限，以反映不同成员相应的地位和声誉，激励成员积极参与社区活动。社区的成员通过激励可以从中得到自我能力感和自我归属感，从而强化消费者的参与和分享行为。

（三）通过体验分享和口碑传播，增强消费者持续使用意愿

结合社会化资源的商务流程的后期步骤，增强消费者持续使用意愿，是形成社会化电子商务模式循环的重要保障。好的分享总结可以成为其他消费者的有效参考，并通过消费者的社交网络进行传播，最终形成口碑宣传，有利于挖掘潜在需求；同时好的分享平台和分享过程同样可以为分享者提供好的体验，增强用户黏性，实现其持续使用。根据前文的实证结果，社会性价值和享乐性价值的缺失是影响消费者不能持续使用的重要原因。因此，此阶段要注重用户生成内容，重视基于商务应用的社交平台的建设，为消费者搭建多样化的虚拟社区，为消费者群体之间的互动沟通提

供便利，具体包括：

企业应充分挖掘不同社交媒体推广活动的异同，通过多种营销策略进行互补。一方面，以达到品牌传播和产品营销的目的，基于渠道平台，企业可以综合协调使用以论坛、微博以及微信等多个沟通传播方式，打造具有个性品牌，如连续的传播统一的品牌形象和产品信息，完善消费者与企业之间的互动沟通，努力实现长期的双向沟通关系。另一方面，企业可以将线上发布、推送与线下活动结合。例如，组织与产品或者企业文化相关的文化沙龙；各类生动有趣的休闲活动等，挖掘更深、更广的推广结合的视角；对目标受众进行分析，充分挖掘目标受众需要，针对目标受众的特点来发布信息；为了实现精准营销，利用丰富的客户信息并对其进行详尽的分析，以实现对客户需求的精确定位和细分，致力于满足用户的个性化需要，借此来培养自己产品的忠实用户和粉丝群体。

商业性互动是指企业以社会媒体为平台向社会大众发布信息，如现产品的展示与推荐、促销信息的更新、发布企业活动新闻和成绩，以及列示与企业相关名人和事件等。公司通过特定的平台与用户进行交流是社交互动的相关概念，同时社交互动还包括如市场调研、口碑传播活动的开展，此外节日和日常关心与问候、答复相关问题表示感恩和祝福等也是互动的相关内容。至于消费者的心理感受，企业方可以通过消费者对一系列信息的转发和评论来判断，并且企业方还可以对其进行引导，对消费者的声音做出适时回应，从而使消费者增强对企业的认同感。

四、本章小结

本章从社会化资源与电子商务全过程整合的角度入手，将社会化资源与商务需求的整合与交互过程分为流量导入、信息交互和事后评价三个阶段，针对不同阶段消费者与消费者的资源交互、社会化资源与商务需求的相互渗透不同的侧重点，探讨了模式整合应用的具体措施。其中，前期引导重点体现通过社交资源的聚合，特别是社会网络中用户间的口碑影响，激发更多用户介入商务应用中；中期的推荐和支持是指在网络购物整个过程中，通过社交方式的信息交流和有效的个性化推荐，消除用户的不确定性，提高商务效率；后期引导阶段强调形成更好的示范效应和口碑传播。这些都尝试改变传统电子商务侧重即时性销售的特征，强调通过整个社交网络资源创造商务价值的核心思想，不同阶段的侧重点各有不同。但其核心都聚焦在对社会化资源商务应用的有效挖掘、参与者互动与资源整合贯穿商家和消费者各自主导的全过程中，相互依存、共同促进，从而形成全流程的价值共创和增值。

第六章
结论与展望

一、主要结论

社会化电子商务模式尝试通过优势互补,辅助消费者商务决策、拓展社交应用渠道,以提升消费者的使用体验,实现整合价值,这属于典型的消费者主导的价值共创过程。基于此,我们遵循提出价值主张→进行价值交互→完成价值创造的价值共创分析框架,研究了社会化电子商务模式价值创造问题,从企业—消费者价值共创的视角,详细剖析社会化电子商务模式共创价值的形成过程,把握社会化电子商务模式的核心价值驱动,关注社会化电子商务模式中社交和商务价值整合路径差异,综合认知行为和劝说知识理论分析社会化电子商务模式下消费者价值感知到最终持续使用行为的作用过程,从而探讨社交价值和商务价值有效整合的方式与方法,为完善和发展这种创新模式提供有效的支撑。主要结论包括:

第一,社会化电子商务模式的核心是通过将社交应用与在线商务过程中两类关键资源的有效整合,形成"通过社会化资源激发商务需求、借助社会化媒体宣传和示范引导商品检索、通过关系和兴趣推荐实现产品选择、借助社会化平台的信任与互惠实现信息分享"的社会化电子商务模式关键流程，在为网络用户带来更多的实用性价值和体验性价值的同时，为企业和利益相关者带来更高的利润来源和竞争优势。

第二，价值共创确定的消费者导向是社会化电子商务模式价值关注的重心，价值共创强调的价值增值是驱动社会化电子商务模式运作的保障。基于价值共创的视角，消费者和商家在既相互独立又交叉的应用过程中，实现各自的投入和产出，其中：①在商家的电子商务流程中，因为加入了消费者的引导、参与和分享从而形成良性循环，以实现商务价值的增值；②消费者因为商家平台支撑、资源聚会实现更加有效的购物体验，同时收获分享成果所带来的成功感、娱乐性和消费者参与的社会性、认同感等其他感知价值增值，增强消费者满意度。两者相互依存、共同促进，从而形成全流程的价值增值和价值共创的动态循环。商务与社交应用的整合过程、消费者从价值认知到最后持续参与和使用、全过程的资源传递和交互是三个实现社会化电子商务模式价值共创的关键点。

第三，在社会化电子商务社交与商务价值整合路径中，消费者感知的整合价值对其接受意愿影响显著，而感知的整合风险对意愿影响却不明显；应用的创新性特征是影响消费者感知价值和接受意愿的最重要因素，但其在增强消费者感知价值的同时也会增加其感知风险；社交和商务的感知契合度和功能设计关联性对最终接受意愿存在较大影响；体现用户规模和社会规范的社会性因素并不能消除消费者对价值整合模式的风险感知，但在商务到社交的拓展中，作用大于社交的商务化过程；初始的商务或社交信任对后续信任和路径拓展作用明显，消费者对后续应用的信任会增强其感知价值，对商务社交化的感知风险削弱作用更加明显。

第四，自我效能感和说服抵制起到了共同的中介作用，自我效能感显著正向影响持续使用意愿，而说服抵制起到显著负向作用。一般自我效能感和社会化电子商务模式下的自我效能感在整个模型中的逻辑和作用各不相同，一般自我效能感对社会化电子商务感知价值三个维度都有显著正向影响，而社会化电子商务模式下的自我效能感在感知价值和持续使用意愿中起到中介作用，显著正向影响最终行为。新模式下的感知功能价值和自我效能感，都对说服抵制产生了较强的削弱作用。在感知价值中，社会价值和享乐价值对社会化电子商务模式自我效能感和说服抵制的影响作用都不明显，体现了不同感知价值维度影响和作用的差异。

第五，在不同整合路径中，基于社交的商务化过程应注意社会性因素的适度导向，尝试利用信任的传递功能，增强用户对拓展应用的价值感知；基于商务的社交化过程，核心是利用社交达到聚合商务资源、消除信任危机、实现有效引导的目的。另外，有效提升消费者新情境下的自我效能感，注重多项感知价值的平衡引导，提升消费者价值感知、适当采取措施，降低说服抵制，对促进社会化电子商务模式的应用具有重要的积极作用。

二、研究展望

作为两类最基本的需求，消费者对社交应用和商务应用的日常依赖程度非常高，用户群体和用户黏性也非常大，各类创新性尝试层出不穷，如何进一步有效挖掘其中的价值，进行有效整合将是未来学术探讨和实践应用的重要领域。在当前研究的基础上，未来可以继续关注：

第一，社会化电子商务情境下多维互动机理及后续影响的研究。社会化电子商务模式的价值共创过程基于当前网络平台进行，消费者主导的应用过程本质上是网络环境下人人、人机互动的多维互动过程，不同参与主体资源交互过程与不同共创行为的关联性以及后续的影响肯定存在差别，从互动到价值共创行为形成乃至后续的影响效果的研究中，社交和商务需求的双重性特征，也将发挥独特的作用，这些可以进行深入的探讨。

第二，用户社交网络和用户生成内容价值受到更多的重视，基于社交网络价值挖掘的各类商务应用不断增多，消费者从开始的主动使用到被动甚至消极使用的趋势非常明显，消费者认知要素同样在这一过程中起到重要作用，个体差异、自身体验、替代经验和劝导等也会对消费者"潜水"、拒绝等消极行为形成影响，其中的作用机理和改善措施探讨，对促进社会化电子商务模式应用具有较好的价值。

第三，基于隐私、风险等安全信任等方面的研究。在社交类需求商务挖掘过程中的隐私保护乃至安全隐患等问题已引起各方的关注。如何在保障社会化电子商务模式应用中，借助社交特征提供更多娱乐性和社会性价值的同时，切实保证各参与方的隐私等问题，完善相应的制度设计，是创新商务模式应用必须要解决的重要问题。

参考文献

[1] Dellarocas C, Fan M, Wood C A. Self-Interest, Reciprocity, and Participation in Online Reputation Systems [J]. Social Science Electronic Publishing, 2004, 7 (1): 195-244.

[2] Hennigthurau T, Walsh G. Electronic Word-of-Mouth: Consequences of and Motives for Reading Customer Articulations on the Internet [J]. International Journal of Electronic Commerce, 2004, 8 (2): 51-74.

[3] Bandura A. Self-efficacy: The Exercise of Control [J]. Journal of Cognitive Psychotherapy, 2005, 13 (2): 7-16.

[4] Colicev A, Malshe A, Pauwels K, et al. Improving Consumer Mindset Metrics and Shareholder Value through Social Media: the Different Roles of Owned and Earned Media [J]. Journal of Marketing, 2018, 82 (1): 37-56.

[5] Zhang Y, Trusov M, Stephen A T, et al. Online Shopping and Social Media: Friends or Foes? [J]. Journal of Marketing, 2017, 81 (6): 24-41.

[6] Stephen A T, Toubia O. Deriving Value from Social Commerce Networks [J]. Social Science Electronic Publishing, 2010, 47 (2): 215-228.

[7] Lai S L. Social commerce-E-commerce in Social Media Context [J]. World Academy of Science Engineering & Technology, 2010, 16 (4): 112-130.

[8] Curty R G, Zhang P. Social Commerce: Looking back and Forward [J]. Proceedings of the American Society for Information Science & Technology,

2012, 48 (1): 1-10.

[9] Kim S, Park H. Effects of Various Characteristics of Social Commerce on Consumers' Trust and Trust Performance [J]. International Journal of Information Management, 2013, 33 (2): 318-332.

[10] Liang T, Ho Y, Li Y, et al. What Drives Social Commerce: The Role of Social Support and Relationship Quality [J]. International Journal of Electronic Commerce, 2011, 16 (2): 69-90.

[11] Huang Z, Benyoucef M. From E-commerce to Social Commerce: A Close Look at Design Features [J]. Electronic Commerce Research & Applications, 2013, 12 (4): 246-259.

[12] Hajli N. Social Commerce Constructs and Consumer's Intention to Buy [J]. International Journal of Information Management, 2015, 35 (2): 183-191.

[13] Ting Peng Liang, Efraim Turban. Introduction to the Special Issue Social Commerce: A Research Framework for Social Commerce [J]. International Journal of Electronic Commerce, 2011, 16 (2): 5-14.

[14] Stephen A T, Toubia O. Deriving Value from Social Commerce Networks [J]. Social Science Electronic Publishing, 2010, 47 (2): 215-228.

[15] Busalim A H, Hussin A R C. Understanding Social Commerce: A Systematic Literature Review and Directions for Further Research [J]. International Journal of Information Management, 2016, 36 (6): 1075-1088.

[16] Liu L, Cheung C M K, Lee. M K O An Empirical Investigation of Information Sharing Behavior on Social Commerce Sites [J]. International Journal of Information Management. 2016, 36 (5): 686-699.

[17] Zhang K Z K, Benyoucef M, Zhao S J. Building Brand Loyalty in Social Commerce: The Case of Brand Microblogs [J]. Electronic Commerce Research & Applications, 2016 (15): 14-25.

[18] Kumar A, Bezawada R, Rishika, R, Janakiraman R, Kannan P K. From Social to Sale: The Effects of Firm-generated Content in Social Media

on Customer Behavior[J]. Journal of Marketing, 2016, 80 (1): 7 - 25.

[19] 殷实, 徐迪. 基于社会化商务的商务模式创新策略[J]. 科学学研究, 2015, 33 (8): 1271 - 1280.

[20] Farivar S, Turel O, Yuan Y. A Trust - risk Perspective on Social Commerce Use: An Examination of the Biasing Role of Habit[J]. Internet Research, 2017, 27 (3): 19 - 24.

[21] Hew J J, Lee V H, Ooi K B, et al. Mobile Social Commerce: The Booster for Brand Loyalty? [J]. Computers in Human Behavior, 2016, 59 (3): 142 - 154.

[22] 张洪, 鲁耀斌, 闫艳玲. 社会化购物社区技术特征对购买意向的影响研究[J]. 科研管理, 2017 (2): 84 - 92.

[23] 童泽林, 王钦. 社会化商务: 内涵、价值与驱动因素[J]. 国外社会科学, 2015 (3): 51 - 58.

[24] 张冕, 鲁耀斌, Zhang Mian 等. 文化认同对社会化商务用户行为的影响研究[J]. 华东经济管理, 2014, 28 (5): 105 - 108.

[25] Shin D H. User Experience in Social Commerce: In Friends We Trust [J]. Behavior & Information Technology, 2013, 32 (1): 52 - 67.

[26] 杨学成, 兰冰, 孙飞. 品牌微博如何吸引粉丝互动——基于CMC理论的实证研究[J]. 管理评论, 2015, 27 (1): 149 - 154.

[27] Zhang H, Lu Y, Gupta S, et al. What Motivates Customers to Participate in Social Commerce? The Impact of Technological Environments and Virtual Customer Experiences [J]. Information & Management, 2014, 51 (8): 1017 - 1030.

[28] 方文侃, 周涛. 社会交互对社会化商务用户行为作用机理研究[J]. 情报杂志, 2017, 36 (1): 167 - 172.

[29] Chen J, Shen X L. Consumers' Decisions in Social Commerce Context [J]. Decision Support Systems, 2015, 79 (C): 55 - 64.

[30] Hajli N, Sims J, Zadeh A H, et al. A Social Commerce Investiga-

tion of the Role of trust in a Social Networking Site on Purchase Intentions [J]. Journal of Business Research, 2017 (71): 133-141.

[31] Aladwani A M. A Quality-facilitated Socialization Model of Social Commerce Decisions [J]. International Journal of Information Management, 2018, 40 (3): 1-7.

[32] Yahia I B, Al-Neama N, Kerbache L. Investigating the Drivers for Social Commerce in Social Media Platforms: Importance of Trust, Social Support and the Platform Perceived Usage [J]. Journal of Retailing & Consumer Services, 2018 (41): 11-19.

[33] Chen J, Shen X L. Consumers' Decisions in Social Commerce Context: An Empirical Investigation [J]. Decision Support Systems, 2015, 79 (C): 55-64.

[34] Hajli N, Shanmugam M, Powell P, et al. A Study on the Continuance Participation in on-line Communities with Social Commerce Perspective [J]. Technological Forecasting & Social Change, 2015 (96): 232-241.

[35] 卢云帆,鲁耀斌,林家宝等. 社会化商务中顾客在线沟通研究:影响因素和作用规律[J]. 管理评论, 2014, 26 (4): 111-121.

[36] 冯娇,姚忠. 基于强弱关系理论的社会化商务购买意愿影响因素研究[J]. 管理评论, 2015, 27 (12): 99-109.

[37] 林家宝,胡倩,鲁耀斌. 社会化商务特性对消费者决策行为的影响研究——基于关系管理的视角[J]. 商业经济与管理, 2017 (1): 52-63.

[38] 左文明,王旭,樊偿. 社会化电子商务环境下基于社会资本的网络口碑与购买意愿关系[J]. 南开管理评论, 2014, 17 (4): 140-150.

[39] 高琳,李文立,柯育龙. 社会化商务中网络口碑对消费者购买意向的影响:情感反应的中介作用和好奇心的调节作用[J]. 管理工程学报, 2017, 31 (4): 15-25.

[40] Ullah R, Amblee N. Kim W, Lee H. From Valence to Emotions:

Exploring the Distribution of Emotions in Online Product Reviews [J]. Decision Support Systems, 2016 (81): 41 - 53.

[41] Kim N, Kim W. Do Your Social Media Lead you to Make Social Deal Purchases? Consumer - generated Social Referrals for Sales Via Social Commerce [J]. International Journal of Information Management, 2018 (39): 38 - 48.

[42] Lin J, Li L, Yan Y, et al. Understanding Chinese Consumer Engagement in Social Commerce: The roles of Social Support and Swift Guanxi [J]. Internet Research, 2017, 28 (1): 2 - 22.

[43] Kim S, Park H. Effects of Various Characteristics of Social Commerce (S - Commerce) on Consumers' Trust and Trust Performance [J]. International Journal of Information Management, 2013, 33 (2): 318 - 332.

[44] Ng C S P. Intention to Purchase on Social Commerce Websites across Cultures: A Cross - Regional Study [J]. Information & Management, 2013, 50 (8): 609 - 620.

[45] Hajli M. A Research Framework for Social Commerce Adoption [J]. Information Management & Computer Security, 2013, 21 (3): 144 - 154.

[46] Liang T P, Ho Y T, Li Y W, et al. What Drives Social Commerce: The Role of Social Support and Relationship Quality [J]. International Journal of Electronic Commerce, 2011, 16 (2): 69 - 90.

[47] Shin D H. User Experience in Social Commerce: In Friends We Trust [J]. Behaviour & Information Technology, 2013, 32 (11): 1191 - 1192.

[48] Yan S R, Zheng X L, Wang Y, et al. A Graph - based Comprehensive Reputation Model: Exploiting the Social Context of Opinions to Enhance Trust in Social Commerce [J]. Information Sciences, 2015 (318): 51 - 72.

[49] Zhang H, Lu Y, Gao P, et al. Social Shopping Communities as an Emerging Business Model of Youth Entrepreneurship: Exploring the Effects of Website Characteristics [J]. International Journal of Technology Management, 2014, 66 (4): 319 - 345.

[50] 甘春梅, 钟绮桐, 罗婷予. 社会化商务环境下消费者信任形成的影响因素研究[J]. 情报科学, 2017 (4): 68-73.

[51] Lu B, Fan W, Zhou M. Social Presence, Trust, and Social Commerce Purchase Intention: An Empirical Research [J]. Computers in Human Behavior, 2016 (56): 225-237.

[52] Farivar S, Turel O, Yuan Y. A Trust-risk Perspective on Social Commerce use: An Examination of the Biasing Role of Habit [J]. Internet Research, 2017, 27 (3).

[53] Lin J, Luo Z, Cheng X, et al. Understanding the Interplay of Social Commerce Affordances and Swift Guanxi: An Empirical Study [J]. Information & Management, 2018 (5): 1-12.

[54] Hansen J M, Saridakis G, Benson V. Risk, Trust, and the Interaction of Perceived Ease of Use and Behavioral Control in Predicting Consumers' Use of Social Media for Transactions [J]. Computers in Human Behavior, 2018, 80 (2): 197-206.

[55] Lee K, Lee B, and Oh W. Thumbs up, Sales up? The Contingent Effect of Facebook Likes on Sales Performance in Social Commerce [J]. Journal of Management Information Systems, 2015, 32 (4): 109-143.

[56] Munzel A, Galan J P, Meyerwaarden L. Getting By or Getting Ahead on Social Networking Sites? The Role of Social Capital in Happiness and Well-Being [J]. International Journal of Electronic Commerce, 2017, 22 (2).

[57] Lin J, Yan Y, Chen S, et al. Understanding the Impact of Social Commerce Website Technical Features on Repurchase Intention: A Chinese Guanxi Perspective [J]. Journal of Electronic Commerce Research, 2017, 18 (3): 225-244.

[58] Yang S, Yun J L. The Dimensions of M-Interactivity and Their Impacts in the Mobile Commerce Context [J]. International Journal of Electronic Commerce, 2017, 21 (4): 548-571.

[59] Huang S L, Chen C T. How Consumers Become Loyal Fans on Facebook [J]. Computers in Human Behavior, 2018, 82 (1): 124 – 135.

[60] 武文珍, 陈启杰. 价值共创理论形成路径探析与未来研究展望 [J]. 外国经济与管理, 2012 (6): 66 – 73.

[61] Saarijärvi H, Kannan P K, Kuusela H. Value Co – creation: Theoretical Approaches and Practical Implications [J]. European Business Review, 2013, 25 (1): 6 – 19.

[62] Paredes M R, Barrutia J M, Echebarria C. Resources for Value Co – creation in E – commerce: A Review [J]. Electronic Commerce Research, 2014, 14 (2): 111 – 136.

[63] Healy J C, Mcdonagh P. Consumer Roles in Brand Culture and Value Co – creation in Virtual Communities [J]. Journal of Business Research, 2013, 66 (9): 1528 – 1540.

[64] 简兆权, 令狐克睿, 李雷. 价值共创研究的演进与展望——从"顾客体验"到"服务生态系统"视角 [J]. 外国经济与管理, 2016, 38 (9): 3 – 20.

[65] 胡观景, 袁亚忠, 张思等. 价值共创研究述评: 内涵、演进与形成机制 [J]. 天津商业大学学报, 2017, 37 (2): 57 – 64.

[66] 刘雯雯, 郑鑫怡. 价值共创的概念辨析——基于国内外文献研究视角 [J]. 科学与管理, 2017, 37 (3): 52 – 60.

[67] Prahalad C K, Ramaswamy V. Co – creation Experiences: The Next Practice in Value Creation [J]. Journal of Interactive Marketing, 2004, 18 (3): 5 – 14.

[68] 袁婷, 齐二石. 价值共创活动对顾客价值的影响研究——基于顾客体验的中介作用 [J]. 财经问题研究, 2015 (6): 100 – 105.

[69] 王新新, 潘洪涛. 社会网络环境下的体验价值共创: 消费体验研究最新动态 [J]. 外国经济与管理, 2011, 33 (5): 17 – 24.

[70] 郭国庆, 孙乃娟. 新进入者调适中介下感知互动类型对体验价

值影响的实证研究[J]. 管理评论, 2012, 24 (12): 72-83.

[71] 李耀, 周密, 王新新. 顾客独创价值研究: 回顾、探析与展望[J]. 外国经济与管理, 2016 (3): 73-85.

[72] 杨学成, 徐秀秀, 陶晓波. 基于体验营销的价值共创机理研究——以汽车行业为例[J]. 管理评论, 2016, 28 (5): 232-240.

[73] Lan J, Ma Y, Zhu D, et al. Enabling Value Co-Creation in the Sharing Economy: The Case of Mobike [J]. Sustainability, 2017, 9 (9): 1-20.

[74] Merz M A, Zarantonello L, Grappi S, et al. How Valuable are Your Customers in the Brand Value Co-creation Process? The Development of a Customer Co-Creation Value (CCCV) Scale [J]. Journal of Business Research, 2018 (82): 79-89.

[75] Vargo S L, Lusch R F. Evolving to a New Dominant Logic for Marketing [J]. Journal of Marketing, 2004, 68 (1): 1-17.

[76] Wilden R, Akaka M A, Karpen I O, et al. The Evolution and Prospects of Service-Dominant Logic: An Investigation of Past, Present, and Future Research [J]. Journal of Service Research, 2017, 20 (4): 345-361.

[77] Vural C A. Service-dominant Logic and Supply Chain Management: A Systematic Literature Review [J]. Journal of Business & Industrial Marketing, 2017, 32 (8): 1109-1124.

[78] 张婧, 邓卉. 品牌价值共创的关键维度及其对顾客认知与品牌绩效的影响: 产业服务情境的实证研究[J]. 南开管理评论, 2013, 16 (2): 104-115.

[79] 钟振东, 唐守廉, Pierre Vialle. 基于服务主导逻辑的价值共创研究[J]. 软科学, 2014, 28 (1): 31-35.

[80] 张婧, 何勇. 服务主导逻辑导向与资源互动对价值共创的影响研究[J]. 科研管理, 2014, 35 (1): 115-122.

[81] 吴应良, 蔡凯佳. 基于服务主导逻辑的价值创新分析模型: 以

网络众筹为例[J]. 中国科技论坛, 2016 (7): 23-29.

[82] 易加斌, 王宇婷. 组织能力、顾客价值认知与价值共创关系实证研究[J]. 科研管理, 2017 (1): 259-266.

[83] 江积海, 沈艳. 服务型商业模式中价值主张创新对价值共创的影响机理——特锐德的案例研究[J]. 科技进步与对策, 2016, 33 (13): 22-26.

[84] 李雷, 简兆权, 杨怀珍. 打开电子服务价值共创的"黑箱"[J]. 管理科学, 2016, 29 (5): 15-30.

[85] 李雷, 杨怀珍, 简兆权. 网络平台如何驱动电子服务价值共创?[J]. 工业工程与管理, 2017 (3): 152-158.

[86] 赵哲, 贾薇, 程鹏等. 垂直电商的服务创新与价值共创实现机制研究——基于服务主导逻辑的视角[J]. 大连理工大学学报 (社会科学版), 2017, 38 (4): 64-73.

[87] Lindhult E, Chirumalla K, Oghazi P, et al. Value Logics for Service Innovation: Practice-driven Implications for Service-dominant Logic [J]. Service Business, 2018 (6): 1-25.

[88] Kim HW, Chan H C, Gupta S. Value-based Adoption of Mobile Internet: An Empirical Investigation [J]. Decision Support Systems, 2007, 43 (1): 111-126.

[89] Kim S B, Sun K A, Kim D Y. The Influence of Consumer Value-based Factors on Attitude-behavioral Intention in Social Commerce: The Differences between High-low-technology Experience Groups [J]. Journal of Travel & Tourism Marketing, 2013, 30 (1-2): 108-125.

[90] Harris L, Dennis C. Engaging Customers on Facebook: Challenges for E-retailers[J]. Journal of Consumer Behaviour, 2011, 10 (6): 338-346.

[91] 周军杰. 社会化商务背景下的用户粘性: 用户互动的间接影响及调节作用[J]. 管理评论, 2015, 27 (7): 127-136.

[92] 徐国虎, 韩雪. 社会化电子商务产业价值链分析[J]. 武汉理工

大学学报（社会科学版），2014（1）：59－65.

［93］Pan Z，Lu Y，Gupta S. How Heterogeneous Community Engage Newcomers? The Effect of Community Diversity on Newcomers' Perception of Inclusion：An Empirical Study in Social Media Service［J］. Computers in Human Behavior，2014（39）：100－111.

［94］Tajvidi M，Wang Y，Hajili N，et al. Brand Value Co－creation in Social Commerce：The Role of Interactivity，Social Support，and Relationship Quality［J］. Computers in Human Behavior，2018（2）.

［95］Hajli N，Lin X，Featherman M，et al. Social Word of Mouth：How Trust Develops in the Market［J］. Social Science Electronic Publishing，2014，56（5）：673－689.

［96］Cheung M F Y，To W M. Service Co－creation in Social Media：An Extension of the Theory of Planned Behavior［J］. Computers in Human Behavior，2016（65）：260－266.

［97］杨学成，陶晓波. 社会化商务背景下的价值共创研究——柔性价值网的视角［J］. 管理世界，2015（8）：170－171.

［98］Barrutia J M，Paredes M R，Echebarria C. Value Co－creation in E－commerce Contexts：Does Product Type Matter? ［J］. European Journal of Marketing，2016，50（3）：442－463.

［99］Merrilees B，Miller D，Yakimova R. The Role of Staff Engagement in Facilitating Staff－led Value Co－creation［J］. Journal of Service Management，2017，28（2）：250－264.

［100］Luo N，Zhang M，Liu W. The Effects of Value Co－creation Practices on Building Harmonious Brand Community and Achieving Brand Loyalty on Social Media in China［J］. Computers in Human Behavior，2015，48（C）：492－499.

［101］Huang N，Hong Y，Burtch G. Social Network Integration and User Content Generation：Evidence from Natural Experiments［J］. MIS Quarterly，

2017, 41 (4): 1035 - 1058.

[102] Li L, Huang Q, Yeung K H, et al. Human - computer Interaction and Value Co - creation in Electronic service [J]. Industrial Management & Data Systems, 2018, 118 (1): 218 - 235.

[103] Dennis C, Bourlakis M, Alamanos E, et al. Value Co - Creation Through Multiple Shopping Channels: The Interconnections with Social Exclusion and Well - Being [J]. International Journal of Electronic Commerce, 2017, 21 (4): 517 - 547.

[104] Zhang M, Guo L, Hu M, et al. Influence of Customer Engagement with Company Social Networks on Stickiness: Mediating Effect of Customer Value Creation [J]. International Journal of Information Management, 2016, 37 (3): 229 - 240.

[105] Zhang T, Lu C, Kizildag M. Engaging Generation Y to Co - Create Through Mobile Technology [J]. International Journal of Electronic Commerce, 2017, 21 (4): 489 - 516.

[106] Casali G L, Perano M, Id A M, et al. How Business Idea Fit Affects Sustainability and Creates Opportunities for Value Co - Creation in Nascent Firms [J]. Sustainability, 2018, 10 (189): 1 - 15.

[107] Kong Q M, Liang X Q, Zhang Z. Influence Mechanism of Social Commerce to Consumer Behavioral Intention [J]. Journal of Mechanical Engineering Research & Developments, 2016, 39 (4): 860 - 865.

[108] Hajli N, Wang Y, Tajvidi M, et al. People, Technologies, and Organizations Interactions in a Social Commerce Era [J]. IEEE Transactions on Engineering Management, 2017 (99): 1 - 11.

[109] 卜庆娟, 金永生, 李朝辉. 互动一定创造价值吗？——顾客价值共创互动行为对顾客价值的影响[J]. 外国经济与管理, 2016, 38 (9): 21 - 37.

[110] 何一清, 崔连广, 张敬伟. 互动导向对创新过程的影响：创新

能力的中介作用与资源拼凑的调节作用[J]. 南开管理评论，2015，18 (4)：96-105.

[111] 李震. 互联网平台如何创造体验价值：基于互动视角的分析[J]. 广东财经大学学报，2017，32（2）：15-30.

[112] 武文珍，陈启杰. 基于共创价值视角的顾客参与行为对其满意和行为意向的影响[J]. 管理评论，2017，29（9）：167-180.

[113] 朱翊敏，于洪彦. 顾客融入行为与共创价值研究述评[J]. 管理评论，2014，26（5）：111-119.

[114] Cossío Silva F J, Revillacamacho M A, Vegavazquez M. The Value Co-creation Process as a Determinant of Customer Satisfaction [J]. Management Decision, 2013, 51 (10): 1945-1953.

[115] Cossío-Silva F J, Revilla-Camacho M A, Vega-Vázquez M, et al. Value Co-creation and Customer Loyalty [J]. Journal of Business Research, 2016, 69 (5): 1621-1625.

[116] Navarro S, Llinares C., Garzon D. Exploring the Relationship between Co-creation and Satisfaction Using QCA [J]. Journal of Business Research, 2015, 69 (4): 1336-1339.

[117] Luo N, Zhang M, Liu W. The Effects of Value Co-creation Practices on Building Harmonious Brand Community and Achieving Brand Loyalty on Social Media in China [J]. Computers in Human Behavior, 2015, 48 (C): 492-499.

[118] Park J, Ha S. Co-creation of Service Recovery: Utilitarian and Hedonic Value and Post-recovery Responses [J]. Journal of Retailing & Consumer Services, 2016 (28): 310-316.

[119] Chen C F, Wang J P. Customer Participation, Value Co-creation and Customer Loyalty - A Case of Airline Online Check-in System [J]. Computers in Human Behavior, 2016, 62 (C): 346-352.

[120] Zhang T, Jahromi M F, Kizildag M. Value Co-creation in a Sha-

ring Economy: The End of Price Wars? [J]. International Journal of Hospitality Management, 2018, 71 (4): 51-58.

[121] Amit R, Zott C. Value Creation in E-Business [J]. Strategic Management Journal, 2001, 22 (6/7): 493-520.

[122] Murphy J, Link M W, Childs J H, et al. Social Media in Public Opinion ResearchExecutive Summary of the Aapor Task Force on Emerging Technologies in Public Opinion Research [J]. Public Opinion Quarterly, 2014, 78 (4): 662-663.

[123] Vasalou A, Joinson A, et al. Avatars in Social Media: Balancing Accuracy, Playfulness and Embodied Messages [J]. International Journal of Human-Computer Studies, 2008, 66 (11): 801-811.

[124] Correa T, Hinsley A W, et al. Who Interacts on the Web? The Intersection of Users' Personality and Social Media Use [J]. Computers in Human Behavior, 2010, 26 (2): 247-253.

[125] Pentland A. Social Efficiency: Rules for Designing Social Networks and Social Media [J]. Signal Processing Magazine IEEE, 2012, 29 (2): 146-147.

[126] Luarn P, Chiu Y P. Key Variables to Predict tie Strength on Social Network Sites [J]. Internet Research, 2015, 25 (2): 218-238.

[127] Risius M, Beck R. Effectiveness of Corporate Social Media Activities in Increasing Relational Outcomes [J]. Information & Management, 2015, 52 (7): 824-839.

[128] 李鸿磊. 基于价值创造视角的商业模式分类研究——以三个典型企业的分类应用为例[J]. 管理评论, 2018, 30 (4): 257-272.

[129] 汪寿阳, 敖敬宁, 乔晗等. 基于知识管理的商业模式冰山理论[J]. 管理评论, 2015, 27 (6): 3-10.

[130] 孙永波. 商业模式创新与竞争优势[J]. 管理世界, 2011 (7): 182-183.

[131] Afuah A. Does a Focal Firm's Technology Entry Timing Depend on the Impact of the Technology on Co – opetitors? [J]. Research Policy, 2004, 33 (8): 1231 – 1246.

[132] Zott C, Amit R. Business Model Design: An Activity System Perspective [J]. Long Range Planning, 2009, 43 (2): 216 – 226.

[133] 魏炜, 朱武祥, 林桂平. 基于利益相关者交易结构的商业模式理论[J]. 管理世界, 2012 (12): 125 – 131.

[134] Timmers P. Business Models for Electronic Markets [J]. Journal on Electronic Markets, 1998, 8 (2): 3 – 8.

[135] Afuah A, Tucci C L. Internet Business Models and Strategies: Text and Cases [M] // Internet Business Models and Strategies. McGraw – Hill/Irwin, 2001: 242 – 245.

[136] 原磊. 商业模式体系重构[J]. 中国工业经济, 2007 (6): 70 – 79.

[137] Teece D J. Business Models, Business Strategy and Innovation [J]. Long Range Planning, 2009, 43 (2): 172 – 194.

[138] Kim S, Park H. Effects of Various Characteristics of Social Commerce (S – commerce) on Consumers' Trust and Trust Performance [J]. International Journal of Information Management, 2013, 33 (2): 318 – 332.

[139] Stephen A T, Toubia O. Deriving Value from Social Commerce Networks [J]. Journal of Marketing Research, 2008, 47 (2): 215 – 228.

[140] Culnan M J, Mc Hugh P J, Zubillaga J I. How Large U. S. Companies Can use Twitter and Other Social Media to Gain Business Value [J]. MIS Quarterly Executive, 2010, 9 (4): 243 – 259.

[141] Liang T P, Turban E. Introduction to the Special Issue Social Commerce: A Research Framework for Social Commerce [J]. International Journal of Electronic Commerce, 2011, 16 (2): 5 – 14.

[142] Rad A A, Benyoucef M. A Model for Understanding Social Com-

merce [J]. Journal of Information Systems Applied Research, 2011, 4 (2): 63 - 73.

[143] Baghdadi Y. From E - commerce to Social Commerce: A Framework to Guide Enabling Cloud Computing [J]. Journal of Theoretical & Applied Electronic Commerce Research, 2013, 8 (3): 12 - 38.

[144] Chen J V, Su B C, Widjaja A E. Facebook C2C Social Commerce: A Study of Online Impulse Buying [J]. Decision Support Systems, 2016 (83): 57 - 69.

[145] Kim D. Under What Conditions Will Social Commerce Business Models Survive? [J]. Electronic Commerce Research & Applications, 2013, 12 (2): 69 - 77.

[146] Shi S, Chow W S. Trust Development and Transfer in Social Commerce: Prior Experience as Moderator [J]. Industrial Management & Data Systems, 2015, 115 (7): 1012 - 1030.

[147] Prahalad C K, Ramasmaswamy V. Co - opting Customer Competence [J]. Harvard Business Review, 2000, 78 (1): 79 - 87.

[148] Saarijärvi H, Kannan P K, Kuusela H. Value Co - creation: Theoretical Approaches and Practical Implications [J]. European Business Review, 2013, 25 (1): 6 - 19.

[149] Payne A F, Storbacka K, Frow P. Managing the Co - creation of Value [J]. Journal of the Academy of Marketing Science, 2008, 36 (1): 83 - 96.

[150] 朱翊敏, 于洪彦. 顾客融入行为与共创价值研究述评 [J]. 管理评论, 2014, 26 (5): 111 - 119.

[151] Immonen A, Ovaska E, Kalaoja, et al. A Service Requirements Engineering Method for a Digital Service Ecosystem [J]. Service Oriented Computing and Applications, 2016, 10 (2): 151 - 172.

[152] Tung W F, Yuan S T, Wu Y C, et al. Collaborative Service System

Design for Music Content Creation [J]. Information Systems Frontiers, 2014, 16 (2): 291 – 302.

[153] Boehmann T, Leimeister J M, Moeslein K. Service Systems Engineering a Field for Future Information Systems Research [J]. Business & Information Systems Engineering, 2014, 6 (2): 73 – 79.

[154] Chan K W, Yim C K, Lam S K. Is Customer Participation in Value Creation a Double – edged Sword? Evidence from Professional Financial Services Across Cultures [J]. Journal of Marketing, 2010, 74 (5): 48 – 64.

[155] Vargo S L. Market Systems, Stakeholders and Value Propositions: Toward a Service – dominant Logic – based Theory of the Market [J]. European Journal of Marketing, 2011, 45 (1/2): 217 – 222.

[156] Grönroos C. Service Logic Revisited: Who Creates Value? And who co – creates? [J]. European Business Review, 2008, 20 (4): 298 – 314.

[157] Gummesson E, Mele C. Marketing as Value Co – creation Through Network Interaction and Resource Integration [J]. Journal of Business Marketing Management, 2010, 4 (1): 181 – 198.

[158] 余光胜. 企业竞争优势根源的理论演进[J]. 外国经济与管理, 2002, 24 (20): 2 – 7.

[159] 迈克尔·波特. 竞争战略[M]. 北京: 华夏出版社, 1997.

[160] Wernerflet B. A Resource Based View of the Firm [J]. Strategic Management Journal, 2010, 5 (2): 171 – 180.

[161] Prahalad C K, Hamel G. The Core Competence of the Corporation [J]. Harvard Business Review, 1990 (6): 79 – 91.

[162] 邢以群, 郑心怡. 流程导向型企业组织结构模式初探[J]. 科学管理研究, 2003, 21 (3): 48 – 51.

[163] 刘锡田. 制度创新中的交易成本理论及其发展[J]. 当代财经, 2006 (1): 23 – 26.

[164] Peteraf M A, Barney J B. Unraveling The Resource – based Tangle

[J]. Managerial & Decision Economics, 2003, 24 (4): 309 - 323.

[165] Zeithmal V A. Consumer Perceptions of Price, Quality, and Value: A Means - end Model and Synthesis of Evidence [J]. Journal of Marketing, 1988, 52 (3): 2 - 22.

[166] Woodruff R B. Customer value: The Next Source for Competitive Advantage [J]. Journal of the Academy of Marketing Science, 1997, 25 (2): 139 - 150.

[167] 刘研, 仇向洋. 顾客价值理论综述[J]. 现代管理科学, 2005 (5): 82 - 84.

[168] Brzozowska A, Bubel D. E - business as a New Trend in the Economy [J]. Procedia Computer Science, 2015, 65 (2): 1095 - 1104.

[169] Vargo S L, Lusch R F. Service - dominant Logic: Continuing the Evolution [J]. Journal of the Academy of Marketing Science, 2008, 36 (1): 1 - 10.

[170] Peter J P, Tarpey Sr L X. A Comparative Analysis of Three Consumer Decision Strategies [J]. Journal of Consumer Research, 1975, 18 (2): 29 - 37.

[171] Sweeney J C, Soutar G N. Consumer Perceived Value: The Development of a Multiple Item Scale [J]. Journal of Retailing, 2001, 77 (2): 203 - 222.

[172] Featherman M S, Pavlou P A. Predicting E - services Adoption: A Perceived Risk Facets Perspective [J]. International Journal of Human - Computer Studies, 2003, 59 (4): 451 - 474.

[173] 王瑜超, 马费成. 强制情景下最终用户的采纳意愿研究[J]. 管理科学, 2017, 30 (2): 80 - 93.

[174] The Effects of Personalization and Familiarity on Trust and Adoption of Recommendation Agents [J]. MIS Quarterly, 2006, 30 (4): 941 - 960.

[175] Mcknight D H, Choudhury V, Kacmar C. Developing and Valida-

ting Trust Measures for E – Commerce: An Integrative Typology [J]. Information System Research, 2002, 13 (3): 334 – 359.

[176] Chang S E, Shen W C, Liu A Y. Why Mobile Users Trust Smartphone Social Networking Services? A PLS – SEM Approach [J]. Journal of Business Research, 2016, 69 (11): 4890 – 4895.

[177] Xiao B, Benbasat I. E – Commerce Product Recommendation Agents: Use, Characteristics and Impact [J]. MIS Quarterly, 2007, 31 (1): 137 – 209.

[178] Wang W T, Wang Y S, Liu E R. The Stickiness Intention of Group – buying Websites: The Integration of the Commitment – trust Theory and E – commerce Success Model [J]. Information & Management, 2016, 53 (5): 625 – 642.

[179] Aaker D A, Keller K L. Consumer Evaluations of Brand Extensions [J]. The Journal of Marketing, 1990, 54 (1): 27 – 41.

[180] 于春玲, 李飞, 薛镭, 陈浩. 中国情境下成功品牌延伸影响因素的案例研究[J]. 管理世界, 2012 (6): 147 – 162.

[181] Wirtz B W, Göttel V. Technology Acceptance in Social Media: Review, Synthesis and Directions for Future Empirical Research [J]. Journal of Electronic Commerce Research, 2016, 17 (4) 172 – 181.

[182] Katz M L, Shapiro C. Network Externalities, Competition and Compatibility [J]. American Economic Review, 1985, 75 (3): 424 – 440.

[183] Thong J Y L, Hong S J, Tam K Y. The Effects of Post – adoption Beliefs on the Expectation – confirmation Model for Information Technology Continuance [J]. International Journal of Human – Computer Studies, 2006, 64 (9): 799 – 810.

[184] Liang T P, Ho Y T, Li Y W. What Drives Social Commerce: The Role of Social Support and Relationship Quality [J]. International Journal of Electronic Commerce, 2014, 16 (2): 69 – 90.

[185] Zhang H, Lu Y, Gupta S, et al. What Motivates Customers to Participate in Social Commerce? The Impact of Technological Environments and Virtual Customer Experiences [J]. Information & Management, 2014, 51 (8): 1017-1030.

[186] Stone R N, Grønhaug K. Perceived Risk: Further Considerations for the Marketing Discipline [J]. European Journal of Marketing, 1993, 27 (3): 39-50.

[187] Corbitt B J, Thanasankit T, Han Y. Trust and E-commerce: A Study of Consumer Perceptions [J]. Electronic Commerce Research & Applications. 2003, 2 (3): 203-215.

[188] Petrick J F. Measuring Cruise Passengers' Perceived Value [J]. Tourism Analysis, 2003, 16 (7): 251-258.

[189] Kim G, Shin B, Lee H G. Understanding Dynamics between Initial Trust and Usage Intentions of Mobile Banking [J]. Information Systems Journal, 2009, 19 (3): 283-311.

[190] Palvia P. The Role of Trust in E-commerce Relational Exchange: A Unified Model [J]. Information & Management, 2009, 46 (4): 213-220.

[191] Pentina I, Zhang L, Basmanova O. Antecedents and Consequences of Trust in a Social Media Brand: A Cross-cultural Study of Twitter [J]. Computers in Human Behavior, 2013, 29 (4): 1546-1555.

[192] López-Nicolás C, Molina-Castillo F J, Bouwman H. An Assessment of Advanced Mobile Services Acceptance: Contributions from TAM and Diffusion Theory Models [J]. Information & Management, 2008, 45 (6): 359-364.

[193] Cui G, Lui H, Guo X. The Effect of Online Consumer Reviews on New Product Sales [J]. International Journal of Electronic Commerce, 2012, 17 (1): 39-58.

[194] Katz M L, Shapiro C. Network Externalities, Competition and Com-

patibility [J]. American Economic Review, 1985, 75 (3): 424 – 440.

[195] Mathieson K. Predicting User Intentions: Comparing the Technology Acceptance Model with the Theory of Planned Behavior [J]. Information Systems Research, 1991, 2 (3): 173 – 191.

[196] Venkatesh V, Morris M G, Davis G B, Davis F D. User Acceptance of Information Technology: toward a unified view [J]. MIS Quarterly, 2003, 27 (3): 425 – 478.

[197] Broniarczyk M. Susan J. Alba W. The Importance of the Brand in Brand Extension [J]. Journal of Marketing Research, 1994, 31 (5): 214 – 228.

[198] Kim K, Park J, Kim J. Consumer Brand Relationship Quality: When and How it Helps Brand Extensions [J]. Journal of Business Research. 2014, 67 (4): 591 – 597.

[199] Davis F D. Perceived Usefulness, Perceived Ease of Use, and User Acceptance of Information Technology [J]. MIS Quarterly, 1989, 14 (2): 319 – 340.

[200] Little T D, Cunningham W A, Shahar G, Widaman K F. To Parcel or Not to Parcel: Exploring the Question, Weighing the Merits [J]. Structural Equation Modeling, 2002, 9 (3): 151 – 173.

[201] Hair J, Anderson R. Multivariate Data Analysis with Readings [M]. My Publications, 2005.

[202] Hong S J, Thong J Y L, Moon J Y, Tam K Y. Understanding the Behavior of Mobile Data Services Consumers [J]. Information Systems Frontiers, 2008, 10 (4): 431 – 445.

[203] Khalifa M, Liu V. Online Consumer Retention: Contingent Effects of Online Shopping Habit and Online Shopping Experience [J]. European Journal of Information Systems, 2007, 16 (6): 780 – 792.

[204] Zhou L, Zhang P, Zimmermann H – D. Social Commerce Research:

An Integrated View [J]. Electronic Commerce Research and Applications, 2013, 12 (2): 61 – 68.

[205] Rose S, Clark M, Samouel P, etc. Online Customer Experience in E – Retailing: An Empirical Model of Antecedents and Outcomes [J]. Journal of Retailing, 2012, 88 (2): 308 – 322.

[206] Culnan M J, McHugh P J, Zubillaga J I. How Large U. S. Companies Can Use Twitter and Other Social Media to Gain Business Value [J]. MIS Quarterly Executive, 2010, 9 (4): 243 – 259.

[207] 周静. 网络经济下电子商务新模式研究[J]. 经济问题探索, 2015 (3): 121 – 125.

[208] 吴菊华, 高穗, 莫赞等. 社会化电子商务模式创新研究[J]. 情报科学, 2014 (12): 48 – 52.

[209] Kang J Y, Johnson K P. How Does Social Commerce Work for Apparel Shopping? Apparel Social E – shopping with Social Network Storefronts [J]. Journal of Customer Behavior, 2013, 12 (1): 53 – 72.

[210] Cha J. Shopping On social Networking Web Sites: Attitudes Toward Real Versus Virtual Items [J]. Journal of Interactive Advertising, 2009, 10 (1): 77 – 93.

[211] Harris L, Dennis C. Engaging Customers on Facebook: Challenges for E – retailers [J]. Journal of Consumer Behavior, 2011, 10 (6): 338 – 346.

[212] Bandura A. The Assessment and Predictive Generality of Self – percepts of Efficacy [J]. Journal of Behavior Therapy and Experimental Psychiatry, 1982, 9 (3): 195 – 199.

[213] Lee K C, Lee S, Hwang Y. The Impact of Hyperlink Affordance, Psychological Reactance, and Perceived Business Tie on Trust Transfer [J]. Computers in Human Behavior, 2014, 30 (1): 110 – 120.

[214] Middleton J, Buboltz W, Sopon B. The Relationship between Psychological Reactance and Emotional Intelligence [J]. Social Science Journal, 2015,

52 (4): 542 - 549.

［215］刘新民，蔺康康，王垒. 消费者异质偏好对绿色产品定价决策的影响研究［J］. 工业工程与管理，2018 (4): 112 - 119.

［216］Liu Fan, Xinmin Liu, Bingcheng Wang, Li Wang, Interactivity, Engagement, and Technology Dependence: Understanding Users' Technology Utilisation Behavior［J］, Behaviour & Information Technology, 2017, 36 (2): 1 - 12.

［217］Caverlee J, Liu L, Webb S. The Social Trust Framework for Trusted Social Information Management: Architecture and Algorithms［J］. Information Sciences, 2010, 180 (1): 95 - 112.

［218］Hung S Y, Yu A P, Chiu Y C. Investigating the Factors Influencing Small Online Vendors' Intention to Continue Engaging in Social Commerce［J］. Journal of Organizational Computing & Electronic Commerce, 2018, 28 (1): 9 - 30.

［219］Shen J. Social Comparison, Social Presence, and Enjoyment in the Acceptance of Social Shopping Websites［J］. Journal of Electronic Commerce Research, 2012, 13 (3): 198 - 212.

［220］Jiang L, Jun M, Yang Z. Customer - perceived Value and Loyalty: How do Key Service Quality Dimensions Matter in the Context of B2C e - commerce?［J］. Service Business, 2015, 2 (33): 1 - 17.

［221］Eggert A, Ulaga W. Customer Perceived Value: A Substitute for Satisfaction in Business Markets?［J］. Journal of Business & Industrial Marketing, 2002, 17 (2): 107 - 118.

［222］Jackie L, Tam M. Customer Satisfaction, Service Quality and Perceived Value: An Integrative Model［J］. Journal of Marketing Management, 2004, 20 (7): 897 - 917.

［223］Bandura A. Social Foundations of Thought and Action［M］. Prentice - hall: Englewood Cliffs, 1986.

[224] Tierney P, Farmer S M. Creative Self-Efficacy: Its Potential Antecedents and Relationship to Creative Performance [J]. Academy of Management Journal, 2002, 45 (6): 1137-1148.

[225] 顾远东, 彭纪生. 组织创新氛围对员工创新行为的影响: 创新自我效能感的中介作用[J]. 南开管理评论, 2010 (1): 30-41.

[226] 方阳春. 包容型领导风格对团队绩效的影响——基于员工自我效能感的中介作用[J]. 科研管理, 2014 (5): 152-160.

[227] 朱阁, 马龙, Sangwan Sunanda, 吕廷杰. 基于社会认知理论的消费者采用模型与实证研究[J]. 南开管理评论, 2010 (3): 12-21.

[228] 涂红伟, 杨爽, 周星. 自我效能感对渠道转换行为的作用机制——转换成本的中介作用[J]. 消费经济, 2013 (2): 36-40.

[229] 黄勇, 彭纪生. 组织内信任对员工负责行为的影响——角色宽度自我效能感的中介作用[J]. 软科学, 2015 (1): 74-77.

[230] Seltzer L F. Influencing the Shape of Resistance: An Experimental Exploration of Paradoxical Directives and Psychological Reactance [J]. Basic and Applied Social Psychology, 1983, 4 (1): 47-71.

[231] Friestad M, Wright P. The Persuasion Knowledge Model: How People Cope with Persuasion Attempts [J]. Journal of Consumer Research, 1994 (21): 1-31.

[232] Kivetz R. Promotion Reactance: The Role of Effort-Reward Congruity [J]. Journal of Consumer Research, 2005, 31 (4): 725-736.

[233] Wendlandt M, Schrader U. Consumer Reactance against Loyalty Programs [J]. Journal of Consumer Marketing, 2007, 24 (5): 293-304.

[234] Edwards S M, Li H, Lee J H. Forced Exposure and Psychological Reactance: Antecedents and Consequences of the Perceived Intrusiveness of Pop-up Ads [J]. Journal of Advertising, 2002, 31 (3): 83-95.

[235] Fitzsimons G J, Lehmann D R. Reactance to Recommendations: When Unsolicited Advice Yields Contrary Responses [J]. Marketing Science,

2004, 23 (1): 82 - 94.

[236] Reinhard M A, Messner M Sporer S L. Explicit Persuasive Intent and its Impact on Success at Persuasion— The Determiningroles of Attractiveness and Likeableness [J]. Journal of Consumer Psychology, 2006, 16(3): 249 - 259.

[237] 王艳萍, 程岩. 参考组与时间压力影响下在线消费者对主动式推荐的心理抗拒及接受意愿分析[J]. 管理评论, 2013 (2): 70 - 78.

[238] 万君, 代海明, 马晓燕. 网络用户对在线客服弹出窗口的心理抗拒与接受意愿分析[J]. 软科学, 2014 (10): 111 - 116.

[239] Pavlou P. Understanding and Predicting Electronic Commerce Adoption: An Extension of the Theory of Planned Behavior [J]. MIS Quarterly, 2006, 30 (1): 115 - 143.

[240] Riggs M L, Knight P A. The Impact of Perceived Group Success - failure on Motivational Beliefs and Attitudes: A Causal Model [J]. Journal of Applied Psychology, 1994, 79 (5): 755 - 766.

[241] Sdkb Saji. The Role of Consumer Self - Efficacy and Website Social - Presence in Customers' Adoption of B2C Online Shopping [J]. Journal of International Consumer Marketing, 2007, 20 (2): 33 - 48.

附录一
社会化电子商务价值整合路径调查问卷

尊敬的先生/女士：

您好！非常感谢您参与我们的调查，您所提供的信息对我们的研究至关重要！调查为匿名方式，您所提供的所有信息仅用于学术探讨，请放心！您只需根据自己的经验和认识来回答，答案没有对错之分。本问卷可能需要花费您宝贵的10分钟左右时间，请耐心填写！

（一）基本信息

1. 您的性别：○男　○女

2. 您的学历：○专科及以下　○本科　○硕士　○博士

3. 你的年龄：○20岁以下　○20~30岁　○30~40岁　○40岁以上

4. 您的职业：○学生　○上班族　○自由职业者　○退休　○其他

5. 您对微信了解和熟悉程度：
○很少使用　○主要使用聊天功能，了解其他功能　○熟练使用多项功能　○非常熟悉

6. 您对支付宝钱包的了解和熟悉程度：
○很少使用　○仅在支付时使用　○会使用支付功能外的其他功能　○非常熟悉

7. 在网购中，与您经常就网络购物有交流的人数：
○3人以下　○4~7人　○8~12人　○13~20人　○20人以上

（二）请根据您对微信日常使用情况，在相应的选项上打钩

提示：微信是腾讯开发的一款以移动社交为主的应用软件，在主打真实社会关系、朋友圈的同时，涉及了支付、微商等电子商务活动，是从社交到商务活动的扩展。

1. 我会尝试微信中的支付和购物等商务活动。
   ○非常不同意　○不同意　○说不清　○同意　○非常同意

2. 微信的社交功能为我提供了安全放心、值得信赖的服务。
   ○非常不同意　○不同意　○说不清　○同意　○非常同意

3. 学会使用微信的支付和购物等商业功能，需要付出的时间、精力成本是难以接受的。
   ○非常不同意　○不同意　○说不清　○同意　○非常同意

4. 使用微信商务功能对我个人的隐私安全存在较大的风险。
   ○非常不同意　○不同意　○说不清　○同意　○非常同意

5. 使用微信的支付和购物等商务功能的人很多。
   ○非常不同意　○不同意　○说不清　○同意　○非常同意

6. 我会向我的朋友推荐微信的支付和购物等商务活动。
   ○非常不同意　○不同意　○说不清　○同意　○非常同意

7. 我的朋友、同事都在使用微信的商务功能。
   ○非常不同意　○不同意　○说不清　○同意　○非常同意

8. 微信的社交的功能与商务功能整合得很好，使用起来没有差别感，一体性很强。
   ○非常不同意　○不同意　○说不清　○同意　○非常同意

9. 腾讯公司具有良好的口碑，不会因为自己的利益破坏消费者的利益。
   ○非常不同意　○不同意　○说不清　○同意　○非常同意

10. 对我很重要的人他们在使用微信的商务功能。
    ○非常不同意　○不同意　○说不清　○同意　○非常同意

11. 我觉得微信朋友可以提供很多我所需要购买的产品。
    ○非常不同意　○不同意　○说不清　○同意　○非常同意

12. 我会在未来经常使用微信的支付和购物等商务活动。
    ○非常不同意　○不同意　○说不清　○同意　○非常同意

13. 腾讯公司具有提供高产品质量和服务的资源与能力。
    ○非常不同意　○不同意　○说不清　○同意　○非常同意

附录一 社会化电子商务价值整合路径调查问卷

续表

14. 我会在未来经常使用微信的支付和购物等商务活动。
    ○非常不同意　○不同意　○说不清　○同意　○非常同意

15. 使用微信支付和购物等功能可能为我带来卡号密码被盗、资金丢失等风险。
    ○非常不同意　○不同意　○说不清　○同意　○非常同意

16. 微信的支付和购物等商务应用为我提供了便捷、舒适的体验。
    ○非常不同意　○不同意　○说不清　○同意　○非常同意

17. 微信的支付和购物等商务应用具有良好口碑。
    ○非常不同意　○不同意　○说不清　○同意　○非常同意

18. 微信基于社交的支付和购物等商务活动可以为我提供安全放心、值得信赖的服务。
    ○非常不同意　○不同意　○说不清　○同意　○非常同意

19. 微信基于社交的支付和购物等商务活动为我提供了高质量的服务。
    ○非常不同意　○不同意　○说不清　○同意　○非常同意

20. 我的手机软硬件与微信的商务功能应用非常兼容，能够支撑这类应用。
    ○非常不同意　○不同意　○说不清　○同意　○非常同意

21. 微信的社交功能与拓展的商务功能的关联性和兼容性较好。
    ○非常不同意　○不同意　○说不清　○同意　○非常同意

22. 微信拓展的商务功能服务能够满足我的某些需要。
    ○非常不同意　○不同意　○说不清　○同意　○非常同意

23. 通过微信购物是我从网上购物的常用渠道之一。
    ○非常不同意　○不同意　○说不清　○同意　○非常同意

24. 学习使用微信的商务功能对我来说比较容易。
    ○非常不同意　○不同意　○说不清　○同意　○非常同意

25. 清楚地了解微信的商务功能是件很容易的事。
    ○非常不同意　○不同意　○说不清　○同意　○非常同意

26. 熟练地使用微信的支付和购物功能对我来说非常容易。
    ○非常不同意　○不同意　○说不清　○同意　○非常同意

27. 微信的商务功能可以提高我网上商务的效率。
    ○非常不同意　○不同意　○说不清　○同意　○非常同意

28. 微信的商务功能优势明显，方便，不受时间、地点的限制。
    ○非常不同意　○不同意　○说不清　○同意　○非常同意

续表

29. 微信的商务功能很有用，可以有效管理资源。
    ○非常不同意　○不同意　○说不清　○同意　○非常同意

30. 我使用本功能后，能很容易地对其特点、性能做出评价。
    ○非常不同意　○不同意　○说不清　○同意　○非常同意

31. 我很容易向其他人说明本功能的优点和便捷性。
    ○非常不同意　○不同意　○说不清　○同意　○非常同意

32. 我能很容易了解到其他人使用本功能的情况。
    ○非常不同意　○不同意　○说不清　○同意　○非常同意

33. 我很清楚使用微信支付和购物等商务应用的好处。
    ○非常不同意　○不同意　○说不清　○同意　○非常同意

34. 基于真实朋友圈的引导，可以提高我的购物效率，让我买到更好性价比的产品。
    ○非常不同意　○不同意　○说不清　○同意　○非常同意

35. 这是一项非常方便、有用的"交友＋购物"的方式。
    ○非常不同意　○不同意　○说不清　○同意　○非常同意

36. 利用这种方式能够体现我敢于尝试创新应用的意识。
    ○非常不同意　○不同意　○说不清　○同意　○非常同意

37. 这种方式会是未来应用的主流，使用它是潮流和时尚的体现。
    ○非常不同意　○不同意　○说不清　○同意　○非常同意

38. 使用这种方式可以得到朋友的更多赞许。
    ○非常不同意　○不同意　○说不清　○同意　○非常同意

39. 使用这种方式可以获得较好的公众形象，获得更多的社会认同感。
    ○非常不同意　○不同意　○说不清　○同意　○非常同意

40. 这种方式对我而言是很新鲜、很有趣的。
    ○非常不同意　○不同意　○说不清　○同意　○非常同意

41. 这种方式会增强我网上购物等商务活动的愉快感受。
    ○非常不同意　○不同意　○说不清　○同意　○非常同意

（三）请根据您对支付宝和支付宝钱包的了解情况，完成下面的题目

提示：支付宝钱包是阿里巴巴开发的一款第三方支付为主的手机软

件，在主打商务付款、日常缴费等商务功能的同时，开始涉及社交特别是真实朋友圈方面的应用，是从电子商务应用向社交应用的扩展。

1. 通过支付宝钱包加为好友，进行聊天和联络的人很多。
   ○非常不同意　○不同意　○说不清　○同意　○非常同意

2. 我觉得支付宝中的支付和购物等商务需求与聊天交友等社交需求联系比较密切。
   ○非常不同意　○不同意　○说不清　○同意　○非常同意

3. 支付宝钱包从网络支付等电子商务活动扩展到社交朋友圈中的社交需求，对我而言是很自然的事。
   ○非常不同意　○不同意　○说不清　○同意　○非常同意

4. 支付宝钱包的社交功能与商务功能整合得很好，使用起来没有差别感，一体性很强。
   ○非常不同意　○不同意　○说不清　○同意　○非常同意

5. 我的朋友、同事都在使用支付宝钱包的社交功能。
   ○非常不同意　○不同意　○说不清　○同意　○非常同意

6. 对我很重要的人他们在使用支付宝钱包的社交功能。
   ○非常不同意　○不同意　○说不清　○同意　○非常同意

7. 阿里巴巴公司具有良好的口碑，不会因为自己的利益损害消费者的利益。
   ○非常不同意　○不同意　○说不清　○同意　○非常同意

8. 阿里巴巴公司具有提供高产品质量和服务的资源与能力。
   ○非常不同意　○不同意　○说不清　○同意　○非常同意

9. 支付宝的网络支付和购物等功能为我提供了安全放心、值得信赖的服务。
   ○非常不同意　○不同意　○说不清　○同意　○非常同意

10. 支付宝的生活圈子等社交应用为我提供了高质量体验。
    ○非常不同意　○不同意　○说不清　○同意　○非常同意

11. 支付宝的生活圈子等社交应用具有良好口碑。
    ○非常不同意　○不同意　○说不清　○同意　○非常同意

12. 支付宝钱包基于网络商务的社交应用可以为我提供安全放心、值得信赖的服务。
    ○非常不同意　○不同意　○说不清　○同意　○非常同意

13. 支付宝钱包基于网络商务的社交应用可以为我提供准确无误、质量很高的服务。
    ○非常不同意　○不同意　○说不清　○同意　○非常同意

14. 我的手机软硬件与支付宝钱包的社交功能应用非常兼容，能够支撑这类应用。
    ○非常不同意　○不同意　○说不清　○同意　○非常同意

续表

15. 支付宝钱包的社交功能与拓展的商务功能的关联性和兼容性较好。 ○非常不同意　○不同意　○说不清　○同意　○非常同意
16. 支付宝钱包拓展的社交功能服务能够满足我的某些需要。 ○非常不同意　○不同意　○说不清　○同意　○非常同意
17. 支付宝钱包的社交功能是对我常规社交需求的有效补充。 ○非常不同意　○不同意　○说不清　○同意　○非常同意
18. 学习使用支付宝钱包的社交功能对我来说比较容易。 ○非常不同意　○不同意　○说不清　○同意　○非常同意
19. 清楚地了解支付宝钱包的社交功能是件很容易的事。 ○非常不同意　○不同意　○说不清　○同意　○非常同意
20. 熟练地使用这些功能对我来说非常容易。 ○非常不同意　○不同意　○说不清　○同意　○非常同意
21. 支付宝钱包的社交功能可以提高我网上商务的效率。 ○非常不同意　○不同意　○说不清　○同意　○非常同意
22. 支付宝钱包的社交功能优势明显，方便，不受时间、地点的限制。 ○非常不同意　○不同意　○说不清　○同意　○非常同意
23. 支付宝钱包的社交功能很有用，可以有效管理资源。 ○非常不同意　○不同意　○说不清　○同意　○非常同意
24. 我使用支付宝生活圈子等社交功能后，能很容易地对其特点、性能做出评价。 ○非常不同意　○不同意　○说不清　○同意　○非常同意
25. 我很容易向其他人说明支付宝生活圈子等社交功能的优点和便捷性。 ○非常不同意　○不同意　○说不清　○同意　○非常同意
26. 我能很容易了解到其他人使用支付宝生活圈子等社交功能的情况。 ○非常不同意　○不同意　○说不清　○同意　○非常同意
27. 使用支付宝生活圈子等社交功能的好处是很容易明白的。 ○非常不同意　○不同意　○说不清　○同意　○非常同意
28. 基于网络商务的基础，可以提高我的社交应用的效率。 ○非常不同意　○不同意　○说不清　○同意　○非常同意
29. 这是一项非常方便、有用的"社交＋商务"的方式。 ○非常不同意　○不同意　○说不清　○同意　○非常同意
30. 利用支付宝生活圈子等社交方式能够体现我敢于尝试创新应用的意识。 ○非常不同意　○不同意　○说不清　○同意　○非常同意

续表

31. 支付宝生活圈子等社交方式会是未来应用的主流,使用它是潮流和时尚的体现。
   ○非常不同意　○不同意　○说不清　○同意　○非常同意

32. 使用支付宝生活圈子等社交方式可以得到朋友的更多赞许。
   ○非常不同意　○不同意　○说不清　○同意　○非常同意

33. 使用支付宝生活圈子等社交方式可以获得较好的公众形象,获得更多的社会认同感。
   ○非常不同意　○不同意　○说不清　○同意　○非常同意

34. 支付宝生活圈子等社交方式对我而言是很刺激、很有趣的。
   ○非常不同意　○不同意　○说不清　○同意　○非常同意

35. 支付宝生活圈子等社交方式会增强我网上购物等商务活动的愉快感受。
   ○非常不同意　○不同意　○说不清　○同意　○非常同意

36. 我会尝试基于支付宝钱包的社交类应用活动。
   ○非常不同意　○不同意　○说不清　○同意　○非常同意

37. 我会在未来经常使用基于支付宝钱包的社交类应用活动。
   ○非常不同意　○不同意　○说不清　○同意　○非常同意

38. 我会向我的朋友推荐基于支付宝钱包的社交类应用活动。
   ○非常不同意　○不同意　○说不清　○同意　○非常同意

39. 学会使用本功能,需要付出的时间、精力成本是难以接受的。
   ○非常不同意　○不同意　○说不清　○同意　○非常同意

40. 使用本功能对个人的隐私安全存在较大的风险。
   ○非常不同意　○不同意　○说不清　○同意　○非常同意

41. 使用本功能可能为我带来卡号密码被盗、资金丢失等风险。
   ○非常不同意　○不同意　○说不清　○同意　○非常同意

附录二

社会化电子商务模式持续使用意愿影响调查问卷

尊敬的先生/女士：

您好！非常感谢您参与我们的调查。随着微博、微信等社交应用用户规模的快速扩充，利用社交平台进行联系、传递信息、探索共同兴趣越来越受欢迎。为进一步挖掘网络社交平台的价值，社交平台开始尝试与网络购物等电子商务应用模式结合，通过社交化工具的应用及与社交化媒体、网络的合作，完成企业营销、推广和商品的最终销售。这种模式叫作社会化电子商务或社交电子商务。

请根据您的经验和理解，对下面针对这种模式的应用的相关问题进行选择。

（一）基本信息

1. 您的性别：○男　○女
2. 您的学历：○专科及以下　○本科　○硕士　○博士及以上
3. 您的年龄：○20岁以下　○20~30岁　○30~40岁　○40岁以上
4. 您的职业：○学生　○上班族　○自由职业者　○退休　○其他
5. 您最常使用的社交网络是［可多选］
   □新浪微博
   □QQ空间
   □人人网（校内网）
   □微信
   □贴吧
   □天涯/小米/豆瓣论坛
   □蘑菇街/美丽说购物分享社区
   □其他_____

续表

6. 你使用社交网络的频率为：
   ○每天　○至少一周一次　○至少两周一次　○至少一个月一次　○基本不用

7. 您网上消费的频率为：
   ○至少每周一次　○至少每月一次　○至少每季度一次　○基本不在网上消费

（二）以下社交网络上的商业活动您愿意参加吗？

8. 点击或分享有趣、有创意的广告视频或游戏。
   ○很不愿意　○不愿意　○一般　○愿意　○很愿意

9. 与好友相互分享刚入手的产品图片与使用心得。
   ○很不愿意　○不愿意　○一般　○愿意　○很愿意

10. 关注喜欢的品牌的社交推广平台、主页，参与有奖转发。
    ○很不愿意　○不愿意　○一般　○愿意　○很愿意

11. 收藏或赞某产品或活动消息。
    ○很不愿意　○不愿意　○一般　○愿意　○很愿意

12. 您是否有过例如点击社交网络内链接或社交网络上获取产品信息，进行消费的经历？（如跟着购买社交网络上好友的推荐的产品，或购买社交网络上知名用户发布的信息或推荐产品，或参加社交网络平台上的商业活动，或直接在社交网络上搜索想买的产品的口碑等）
    ○是　○否

（三）您最喜欢通过哪个方式利用社交网络来进行网上消费？

13. 社交网络上好友的推荐。
    ○很不喜欢　○不喜欢　○一般　○喜欢　○很喜欢

14. 社交网络上知名用户发布的信息或推荐。
    ○很不喜欢　○不喜欢　○一般　○喜欢　○很喜欢

15. 社交网络平台上的商业活动。
    ○很不喜欢　○不喜欢　○一般　○喜欢　○很喜欢

16. 直接在社交网络上搜索。
    ○很不喜欢　○不喜欢　○一般　○喜欢　○很喜欢

（四）您认为利用社交网络来进行电子商务推广应该做到

17. 可以快捷方便地获取产品折扣信息或电子商务网站优惠活动。
　　○很不同意　○不同意　○一般　○同意　○很同意

18. 可以得知自己亲朋好友的最新消费动态。
　　○很不同意　○不同意　○一般　○同意　○很同意

19. 可以较易获取比电子商务网站或个人网店中更客观的用户对产品评价、使用经验及反馈。
　　○很不同意　○不同意　○一般　○同意　○很同意

20. 可以较方便地分享、收藏自己及他人的产品使用心得及体会。
　　○很不同意　○不同意　○一般　○同意　○很同意

（五）下列哪个原因是社交网络上电子商务推广过程中的您介意的？

22. 很多无用，烦琐的信息影响了社交网络的用户体验。
　　○很不同意　○不同意　○一般　○同意　○很同意

23. 社交购物推荐的商业链接可信度低，安全不能保证。
　　○很不同意　○不同意　○一般　○同意　○很同意

24. 社交购物方式可能会泄露个人隐私。
　　○很不同意　○不同意　○一般　○同意　○很同意

25. 您比较喜欢哪种社交网络上电子商务推广的商业展示模式？
　　○微博或空间上个人或企业用户发布分享的文字加图片的信息，有奖参与活动
　　○社群广告、群共享
　　○蘑菇街、美丽说等网站的风格，把某个产品的信息直接在图片墙中展示并直接标注价格
　　○还没发现我喜欢的，期待有新创意

（六）您感觉这种基于社交的商务和导购模式有什么价值？

26. 我认为这是一种非常方便的购物方式。
　　○很不同意　○不同意　○一般　○同意　○很同意

27. 基于社交圈子或者兴趣圈的引导，可以提高我的购物效率。
　　○很不同意　○不同意　○一般　○同意　○很同意

续表

28. 基于社交圈子或者兴趣圈的引导，可以让我买到更好性价比的产品。
    ○很不同意　○不同意　○一般　○同意　○很同意

29. 这是一项非常有用的购物方式。
    ○很不同意　○不同意　○一般　○同意　○很同意

30. 利用这种模式购物能够体现我敢于尝试创新应用的意识。
    ○很不同意　○不同意　○一般　○同意　○很同意

31. 这种模式会是未来应用的主流，使用它是潮流和时尚的体现。
    ○很不同意　○不同意　○一般　○同意　○很同意

32. 使用这种方式可以得到朋友的更多赞许。
    ○很不同意　○不同意　○一般　○同意　○很同意

33. 使用这种模式可以获得较好的公众形象，获得更多的社会认同感。
    ○很不同意　○不同意　○一般　○同意　○很同意

34. 这种方式对我而言是很刺激、很有趣的。
    ○很不同意　○不同意　○一般　○同意　○很同意

35. 这种购物方式会增强我购物的愉快感受。
    ○很不同意　○不同意　○一般　○同意　○很同意

36. 基于社交圈的购物或导购不需要付出额外的经济成本。
    ○很不同意　○不同意　○一般　○同意　○很同意

37. 基于社交圈的购物模式购物操作简单，学习成本较低。
    ○很不同意　○不同意　○一般　○同意　○很同意

38. 和付出的成本相比，使用这种模式会给我带来更多的好处。
    ○很不同意　○不同意　○一般　○同意　○很同意

39. 这种模式能够给我带来更多的价值。
    ○很不同意　○不同意　○一般　○同意　○很同意

（七）请根据您的自身感受进行回答

40. 根据我的能力，我应该能够克服使用新方式的问题，获得更好的产品。
    ○很不同意　○不同意　○一般　○同意　○很同意

41. 只要我努力总能解决一些棘手的问题。
    ○很不同意　○不同意　○一般　○同意　○很同意

续表

42. 生活中我具有解决突发事件的能力。
    ○很不同意 ○不同意 ○一般 ○同意 ○很同意

43. 我本身比较喜欢尝试新事物、新方法。
    ○很不同意 ○不同意 ○一般 ○同意 ○很同意

44. 只要我愿意，别人能做到的我努力也能做到。
    ○很不同意 ○不同意 ○一般 ○同意 ○很同意

45. 即使不喜欢的任务，我也能坚持很好地完成。
    ○很不同意 ○不同意 ○一般 ○同意 ○很同意

46. 我可以控制自己不去做不值得或者无意义的事。
    ○很不同意 ○不同意 ○一般 ○同意 ○很同意

（八）请根据您的理解选择下面的问题

47. 过分重复的社交圈朋友的购物推荐会影响我购物的决策，这让我很反感。
    ○很不同意 ○不同意 ○一般 ○同意 ○很同意

48. 过分重复的社交圈朋友的购物推荐多是出于营销和推广的目的而不是帮我决策，这让我反感。
    ○很不同意 ○不同意 ○一般 ○同意 ○很同意

49. 社交圈子中有些产品和购物推荐让我产生强迫接受的感觉。
    ○很不同意 ○不同意 ○一般 ○同意 ○很同意

50. 我认为过多的推荐会诱导我放弃最适合我的购买方案。
    ○很不同意 ○不同意 ○一般 ○同意 ○很同意

51. 过分重复的社交圈朋友的购物推荐会使我产生强迫性购买的感觉。
    ○很不同意 ○不同意 ○一般 ○同意 ○很同意

（九）如果您全面学习和认识了社会化电子商务模式，您认为您会

52. 我会尝试基于社交圈购物的方式。
    ○很不同意 ○不同意 ○一般 ○同意 ○很同意

续表

53. 我会在未来经常使用此模式购物。
    ○很不同意　○不同意　○一般　○同意　○很同意

54. 我会向我的朋友推荐此模式的购物。
    ○很不同意　○不同意　○一般　○同意　○很同意

55. 关于本问卷您还有什么疑问或者其他特别要求，请标注：

附录二 社会化电子商务模式持续使用意愿影响调查问卷

续表

53. 我会在未来经常使用此模式购物。
    ○很不同意　○不同意　○一般　○同意　○很同意

54. 我会向我的朋友推荐此模式的购物。
    ○很不同意　○不同意　○一般　○同意　○很同意

55. 关于本问卷您还有什么疑问或者其他特别要求，请标注：